Les Secrets du Poker Hold'Em

ISBN : 978-2-7339-1125-9
ISSN : 0763-4617

Collection : « Notre vie quotidienne »

Collection dirigée par Ph. Grancher
98, rue de Vaugirard 75006 Paris
Tél. : 01.42.22.64.80 - Fax : 01.45.48.25.03
www.grancher.com - pg@grancher.com

Christophe Jobard

Les Secrets du Poker Hold'Em

Statistiques - Psychologie - Stratégie

Grancher
Éditions

Sommaire

Introduction

Vous avez succombé à la frénésie du poker. On ne peut que vous féliciter de persévérer dans l'apprentissage de ce jeu passionnant qui vous en apprendra beaucoup sur les autres, ainsi que sur vous-même.

C'est un jeu très complexe et il vous faudra beaucoup de pratique et de persévérance pour exceller dans cet art. Et au début les désillusions vont être nombreuses. Ce jeu vous apprendra la patience, le courage, la discipline et bien d'autres qualités fondamentales de l'existence.

Mais par-dessus tout, ce livre va vous apprendre à perdre. Il va vous apprendre qu'une paire d'As est battue dans 20 % des cas, et que vous n'aurez pas le droit de vous en plaindre puisque la plupart du temps, vous serez gagnant avec cette main. Le hasard fait alors partie de la beauté de ce jeu qui a déjà su séduire des millions de personnes à travers le monde.

À ce propos, vous êtes-vous déjà demandé pourquoi le poker est chaque jour un peu plus populaire ? C'est le seul sport accessible à tous. Que vous ayez 7 ou 77 ans, que vous soyez un homme ou une femme, bûcheron ou anesthésiste-réanimateur, costaud ou plutôt chétif, bouddhiste ou encore scientologue, nous sommes tous égaux autour d'une table de poker. Et c'est un art dans lequel chacun d'entre vous, sans exception, peut exceller. Il suffit juste que vous vous en donniez les moyens. Comme pour tous les autres sports, le poker demande beaucoup de temps, d'efforts et surtout beaucoup de pratique avant d'être maîtrisé.

Imaginez Roger Federer placer un service slicé à 195 km/h à ses débuts... Est-ce possible ? Non ! Les plus belles victoires sont celles qui naissent dans l'effort et la souffrance.

Vous l'aurez compris, comme pour tant d'autres disciplines, c'est en jouant beaucoup que l'on s'améliore et l'adage qui dit que c'est en forgeant que l'on devient forgeron prend ici tout son sens. Pour vous améliorer, je vous conseille donc d'alterner des phases d'apprentissage théorique pour assimiler de nouvelles notions, et de grosses périodes de jeu pour les mettre en pratique. On entend souvent les gens dire « *la règle d'or au poker, c'est la discipline.* » D'autres soutiendront que c'est l'observation et la patience, et d'autres encore mettront les statistiques sur un piédestal. Vous voulez un scoop ? Au poker, chaque règle doit être une règle d'or. Et c'est l'accumulation du respect de toutes ces règles qui fera de vous un bon joueur. Pour information, il s'avère que seulement 15 % des joueurs *online* sont des gagnants à long terme. Nous allons donc voir comment les imiter, et il vous faudra pour cela respecter chaque règle de ce manuel sans jamais y déroger.

Pour toutes les notions que vous trouverez dans ce livre, partez toujours du principe que mes exemples sont tirés d'une vraie partie en tournoi et non en *cash-game* et ce, pour deux raisons bien précises. Tout d'abord, la taille des tapis étant un facteur déterminant à une table de poker, c'est assez frustrant et un peu décourageant de voir certains de vos amis fortunés se *recaver* à hauteur de 50 euros alors qu'il vous a fallu tripler votre tapis pour péniblement en amasser 40. Le tournoi est le seul mode de jeu vraiment pur de par sa justice et son équité. La deuxième raison découle spontanément de la première. Jouer en tournoi limite vos risques financiers en ce sens qu'il vous est tout bonnement impossible de perdre plus que la somme initialement engagée pour y participer. Cette ceinture de sécurité est judicieuse au *No Limit Hold'Em*.

N'oubliez pas que si on joue, il vaut mieux s'attendre à perdre. Alors par pitié, ne jouez jamais au-dessus de vos moyens, et comme dirait la Française des Jeux, « *fixez vous des limites de temps et d'argent.* »

À mes débuts, pour tenter de me défaire de mon style fébrile et timoré, et aussi dans l'espoir de comprendre les arcanes de ce jeu passionnant, j'ai parcouru de nombreux ouvrages sur le sujet. Il m'est très clairement apparu que la grande majorité d'entre eux présentait un schéma pour ainsi dire identique avec trois grands thèmes globaux : la stratégie, les statistiques et la psychologie. Certains auteurs auront choisi de reléguer en fin d'ouvrage toute la partie statistique, souvent jugée incompréhensible par ceux et celles qui n'ont pas la fameuse « bosse des maths ». D'autres ont choisi de commencer par l'aspect stratégique avant d'évoquer les probabilités. Cette approche dissociative n'est pas réellement appropriée à la compréhension du *No Limit Hold'Em* pour la simple et bonne raison que le poker est un jeu de situation. Comme la cuisine, c'est avant tout un savant mélange de divers ingrédients.

Pour faire un gâteau, il est indispensable de connaître les bonnes quantités : vous devez savoir les mélanger de manière rigoureuse et il vous faut gérer les proportions et le temps de cuisson. Tout comme la cuisine, le poker nécessite paradoxalement à la fois une grande rigueur mais aussi le petit grain de folie qui peut faire toute la différence.

Être un bon joueur de poker signifie que l'on sait combiner à la fois les statistiques, la stratégie et la psychologie pour prendre les bonnes décisions au bon moment et ainsi durer, c'est-à-dire être gagnant sur le long terme. Chaque situation est différente et requiert une analyse minutieuse de tous les indices que vos adversaires peuvent divulguer. Cela demande donc, en plus d'avoir bien appréhendé certaines notions, d'être aussi bon psychologue que fin stratège, tout en restant le plus rigoureux et discipliné possible.

J'ajouterai que c'est l'addition de tous ces éléments qui vous conduira à la réussite. Si la préparation de votre gâteau est parfaite mais que vous le laissez 3 heures au four à 340 °C, il y a de forte chance que vous plombiez le repas de famille avec un dessert immangeable.

Lorsque l'on prend une décision, on se base sur deux paramètres d'égale importance : notre main et celle de l'adversaire. Si l'on y réfléchit, de quoi ai-je besoin pour gagner au poker ? Il me faut tout simplement être en mesure de comparer la force de ma main à celle de mon adversaire.

Ce guide se divise donc en trois parties. La première partie récapitule les règles, le vocabulaire et les notions de bases qu'il vous faudra à tout prix acquérir pour progresser. Insistons sur le fait qu'il est indispensable de partir avec des bases solides. Votre

image à la table est déterminante, il serait fort dommage, pour ne pas dire préjudiciable, que vous passiez pour un débutant qui ne maîtrise rien.
La deuxième partie est quant à elle destinée à vous permettre de recueillir un maximum d'informations sur votre adversaire, sur sa façon de jouer, et par-dessus tout, sur la force de sa main. Le thème dominant est bien sûr la psychologie mais la stratégie et les statistiques y ont aussi une place non négligeable. Il faut savoir qu'il n'y a pas moins de 169 combinaisons de mains de départ possibles, ce qui est peu, mais logique puisque la hauteur des couleurs (trèfle, carreau, cœur, pique) n'existe pas au poker (comme au bridge). Si vous voyez un grand champion dont l'adversaire a une main As-Dame assortis (alors que lui n'a que As-Valet dépareillés) *coucher sa main*, dites-vous bien qu'il est parvenu, par déduction et élimination, mais aussi grâce à l'analyse rigoureuse de nombreux paramètres, à cerner la main de son adversaire. Réussir à coucher une bonne main malgré son envie d'en découdre nécessite de l'expérience. Cet aspect du poker est aussi délicat que déterminant. C'est indéniablement ce qui fait la différence à long terme, et cela requiert beaucoup de pratique.

La troisième partie de cet ouvrage vous apprendra à jouer votre main en fonction de celle de l'adversaire. Cette étude concernera l'évaluation de sa propre main et la stratégie à adopter pour la rentabiliser au mieux. On y trouvera une grande partie de la stratégie, une part non négligeable des probabilités, notamment en ce qui concerne les possibilités d'amélioration et, bien entendu, un peu de psychologie.

De prime abord, toutes ces règles peuvent sembler quelque peu indigestes. Mais le jeu en vaut la chandelle ! Et surtout, n'oubliez jamais qu'il n'y a pas de règle absolue au poker. C'est un jeu de situation et il faut surtout être capable de s'adapter en permanence en fonction de ce qu'il se passe à la table.

Première partie :
Les bases

Le vocabulaire du poker

Le vocabulaire du poker semble à première vue assez dense mais rassurez-vous, il s'assimile très vite. Voici donc la liste exhaustive des termes du *No Limit Hold'Em* que vous devez maîtriser afin de vous faciliter la compréhension de cet ouvrage.

Abattage (*showdown* en anglais) : phase où l'on détermine qui remporte le coup. Les joueurs restants après le dernier tour de mise doivent montrer leurs cartes pour déterminer celui qui a la meilleure main.

All-in (tapis) : cela consiste à miser l'intégralité de ses jetons d'un seul coup.

Antes : les *antes* sont une mise obligatoire versées par tous les joueurs assis à la table avant chaque main, indépendamment de la *blinde*. Ils sont récupérés par le casino.

Assorties : se dit de deux cartes qui ont la même couleur. Exemple : As et 8 de cœur.

Backdoor : au *flop*, quand il manque deux cartes-pour toucher une combinaison comme une quinte, une couleur, une quinte flush, on dit que l'on est sur un tirage *backdoor.*

Back in the business (De retour aux affaires) : expression usuelle qui désigne un joueur qui avait un petit tapis et qui, après avoir gagné un gros coup, se relance dans la partie.

Bad-beat : cette expression signifie que vous venez de vivre un coup de malchance incroyable. Vous êtes largement favori devant vos adversaires et finalement vous perdez le coup (et souvent une grosse partie de votre pécule). L'exemple le plus marquant est certainement de perdre en duel avec une paire d'As contre 7-2 dépareillés. Cela est évidemment très rare, mais ce sont tout de même des choses qui arrivent : il faut s'y préparer pour ne pas perdre la tête et le reste de votre tapis dans les coups suivants, par dépit.

Bankroll : c'est la cagnotte qu'un joueur de poker utilise pour jouer. Par principe, n'investissez pas plus de 5 % de votre *bankroll* pour participer à un tournoi.

Bet (miser) : cela consiste à parier une somme de jeton et à l'ajouter au pot.

Blinds (ou blinde) : les *blinds* sont des mises obligatoires que les deux joueurs à gauche du donneur paient avant la distribution des cartes. Elles permettent de donner de l'importance à chaque coup et de limiter l'anti-jeu en poussant les joueurs qui les ont déposées à entrer dans la partie. Le joueur directement à gauche du donneur paye la *small blind*, celui à sa gauche la *big blind*. La *big blind* est toujours le double de la *small blind*. Le montant des *blinds* augmente peu à peu, selon des cadences prédéfinies.

Bluff : c'est sûrement le mot qui revient le plus dans une discussion entre deux joueurs de poker. Pratiquer le *bluff* signifie que vous tentez de faire croire à vos adversaires que vous avez un jeu meilleur que dans la réalité, pour les amener à se coucher, alors qu'ils avaient peut-être des mains plus fortes que la vôtre. Le *bluff* fait partie intégrante du poker, tôt ou tard vous vous en servirez.

Board (le tableau) : indique les cinq cartes qui seront retournées au cours de la main.

Bouton : objet placé devant le donneur et qui permet à tous les autres joueurs de se rappeler l'ordre de parole. Le *bouton* circule à chaque main dans le sens des aiguilles d'une montre.

Brûler une carte : avant de distribuer les cartes communes (*le flop, la turn, la river*), le donneur « brûle » une carte, c'est-à-dire qu'il retire du jeu la carte du dessus du paquet, face cachée.

Bulle : c'est la pire place. Il s'agit de la dernière place non payée dans un tournoi. Par exemple, si seules les vingt premières sont rémunérées, le joueur qui finit vingt-et-unième est dit *« bubble »*. C'est un peu comme la quatrième marche du podium aux Jeux Olympiques. On remarque dans les tournois que lorsque les joueurs sont tout proches des places payées, le jeu a tendance à se figer. Tout le monde serre le jeu car aucun des joueurs ne veut finir à cette fameuse place.

Buy-in : c'est le montant que vous devez investir pour participer à un tournoi.

Call (suivre) : action qui consiste à miser à hauteur de la *relance* faite par un joueur qui parle avant vous et ce, dans le but de rester dans le coup. On dit aussi *coller.*

Calling station : type de joueur qui suit toutes les relances et ce, en dépit de la faiblesse de sa main. C'est un joueur qui aime satisfaire sa curiosité. Attention avec ce type de joueurs : il ne faut jamais essayer de les *bluffer* et les jouer de manière serrée. Ces joueurs sont néanmoins une aubaine lorsque vous avez une grosse main.

Cartes communes : contrairement aux cartes fermées, les cartes ouvertes sont visibles et utilisables par tous les joueurs pour faire des combinaisons.

Carte haute : on la considère parfois comme une combinaison de cartes alors que ce n'en est pas une.

Si personne n'a de paire, celui qui a la carte la plus forte remporte le coup.

Cartes privatives : parmi toutes les cartes distribuées, il s'agit de celles qui n'appartiennent qu'au joueur et que lui seul peut voir (on les appelles aussi cartes fermées).

Cheapleader : terme employé pour désigner celui qui a le plus de jeton à la table.

Check (parole) : action qui consiste à rester dans un coup sans ajouter de jetons supplémentaires au pot. Bien sûr, si l'un de vos adversaire mise, vous ne pouvez plus *checker*. Il vous faudra soit *jeter votre main*, *coller la relance* adverse ou *sur-relancer.*

Check-raise : action qui consiste, sur un pot encore non ouvert, à *checker* lorsque l'on a une très bonne main afin de laisser les opposants miser et augmenter la taille du pot pour ensuite mieux les *relancer.* Cette manœuvre (classique au *flop*, mais subtile à la *river* ou au *turn*) est très déstabilisante pour un adversaire et provoque souvent des « *fold* » (joueur qui jette ses cartes) en pagailles.

Dépareillées : se dit de deux cartes qui ne sont pas assorties, par exemple le 7 de pique et le Valet de trèfle.

Dealer (donneur) : joueur ou croupier qui distribue les cartes. Il est matérialisé sur la table par le bouton.

Drawing-dead : terme utilisé pour qualifier un joueur qui joue pour toucher un tirage alors qu'il est d'ores et déjà battu. On dit qu'il « tire pour rien ».

Flop : ce terme désigne les trois cartes ouvertes distribuées après le premier tour d'enchères. Tous les joueurs peuvent se servir d'une ou plusieurs de ces cartes pour former la meilleure main. Le *flop* représente 43 % des sept cartes utilisées pour former une main. Il détermine souvent votre proche avenir dans un coup.

Freeroll : tournoi à inscription gratuite avec de l'argent réel à gagner. C'est probablement le meilleur moyen de débuter sans se ruiner.

Fold (se coucher) : jeter sa main et abandonner. On perd alors tous les jetons que l'on avait engagés dans le coup.

Heads up : tête à tête final au terme du tournoi.

Kicker : c'est la carte la plus élevée d'une main qui ne forme pas de combinaison. Elle est très importante : si vous et votre adversaire avez tous les deux une paire d'As, c'est votre *kicker* qui vous départagera. Votre *kicker* est un Roi et lui a une Dame ? Vous remportez l'intégralité du pot. Le *kicker* est un élément déterminant au poker.

Limper : se dit des joueurs qui sont entrés dans le coup en se contentant juste de suivre la mise obligatoire de la *big blind*.

Loose (large) : se dit d'une partie de poker où les joueurs ont un niveau de jeu des plus moyen. On y rencontre souvent les plus grands *calling station* du monde ainsi que les chanceux de tous bords.

Main : c'est la plus grosse combinaison de cinq cartes qu'un joueur peut faire avec l'ensemble des cartes dont il dispose.

Nuts : c'est la meilleure main possible à un moment donné. On dit alors « avoir les *nuts* ». C'est toujours un moment très agréable dans une partie de poker puisqu'on sait qu'on va gagner et que les autres vont morfler.

Online (en ligne) : poker pratiqué sur Internet par de plus en plus de joueurs, néophytes ou expérimentés.

Outs : ce sont toutes les cartes restantes dans le paquet qui peuvent améliorer votre main.

Pot : c'est l'ensemble des jetons en jeu dans un coup, issus des *blindes* et des *mises*.

Raise (relancer) : action qui consiste à miser plus que ce que votre adversaire vient de *miser*. Le but est de l'inciter à mettre plus de jetons dans le *pot*, ou de lui faire peur pour qu'il *jette son jeu*.

Rebuy (recaver) : racheter une *cave* dans un tournoi.

River (rivière) : la *river* est la cinquième et dernière carte commune. Elle peut parfois tout remettre en question et faire complètement basculer un coup, ce qui a alors un impact psychologique énorme sur le perdant.

Rush : être dans une période faste où les cartes, la chance et votre manière de jouer vous rapportent beaucoup d'argent en peu de temps.

Satellite : c'est un tournoi dans lequel les gains ne sont pas de l'argent, mais des places pour de plus gros tournois. Certains satellites en ligne permettent de gagner des places pour les gros tournois (World Poker Tour par exemple) pour quelques dollars seulement.

Shortstake : ce terme désigne celui à la table qui a le moins de jetons devant lui.

Shuffle up and deal : expression employée pour annoncer le début du tournoi (littéralement « mélange et distribue »).

Side-pot : c'est le pot secondaire. Si jamais il y a trois joueurs dans un coup et que l'un des joueurs est à tapis (appelons-le A), les mises supplémentaires des deux joueurs encore présents (B et C) seront mises à part. Le pot ainsi constitué se nomme le *side-pot*. Même si A est plus fort que B et C il ne gagnera pas le *side-pot*, qui sera versé au meilleur entre B et C.

Sit'n'Go : tournoi réunissant des participants en nombre restreint et qui commence dès que le nombre de joueur fixé est atteint (dix généralement).

Sit out : quitter son siège, par exemple pour aller prendre l'air ou boire un verre, sans quitter la partie. Attention, en votre absence, les *blindes* seront misées automatiquement.

Slow play (sous-jouer) : action stratégique qui consiste à *checker* ou à simplement *suivre les mises*, ce pour faire croire aux autres participants que sa main est moyenne, ce qui est précisément faux.

Stack (tapis) : terme qui désigne la totalité des jetons de poker, virtuels ou réels, que possède un joueur devant lui lorsqu'il est assis à une table de poker.

Suited connectors : par exemple 7-8 de cœur ou Valet-Dame de trèfle. Ce sont des mains avec de grosses possibilités d'amélioration qui peuvent vous rapporter beaucoup d'argent si vous les utilisez à bon escient.

Sur-relancer : cette action signifie que vous *relancez* un adversaire qui vous a déjà *relancé* au préalable. Vous pouvez *sur-relancer* seulement si une personne a misé avant vous.

Tells : comportements et attitudes répétitives qui trahissent le jeu du joueur de poker. Les décrypter permet d'analyser l'adversaire afin de mettre en place votre stratégie de jeu. Par exemple, un débutant a tendance à bouger sur son siège lorsque son jeu est fort.

Tilt : expression qui désigne un joueur qui, après avoir perdu un coup où il était favoris *(bad-beat)*, perd le sens des réalités et se met à jouer n'importe comment dans les coups suivants.

Tirage : situation dans laquelle il faut une certaine carte supplémentaire pour faire une combinaison de cinq cartes. On parle souvent de *tirage quinte* ou *tirage couleur.*

Tirage par les deux bouts : si vous avez Valet-Dame en main et que le *flop* dévoile 2, 9 et 10, vous avez un tirage par les deux bouts : un Roi ou un 8 vous donneront une quinte. Vous attendez donc deux cartes possibles pour un jeu fort.

Tirage par le ventre : si vous avez 8-7 en main et que le *flop* donne 9, Valet et 2, vous avez un tirage par le ventre. Il vous faut donc un 10 pour obtenir une quinte. Améliorer un *tirage par le ventre* est toutefois assez rare.

Turn (tournant) : cette carte est très souvent considérée comme le tournant d'une main puisqu'elle améliore potentiellement bon nombre de tirages quinte et flush. C'est la quatrième carte du *board.*

UTG (« Under The Gun ») : c'est le joueur assis à la gauche du *surblindeur* et qui, hélas pour lui, sera le premier à parler lors du premier tour d'enchère *préflop. « Under the gun »* peut se traduire littéraelement par « sous le flingue ». Cette expression signifie que l'on monte au front en plein brouillard et totalement à découvert, à la merci de la moindre *relance*. C'est la pire *position* au début d'un coup.

Walk : être en position de *big blind* et voir tous vos adversaires, y compris la *small blind*, se coucher. Ceci est tout à fait réjouissant quand vous avez un 7 et un 4 dépareillés.

Les règles de base

On dit souvent du poker qu'il faut deux minutes pour en apprendre les règles et toute une vie pour les maîtriser. Le poker est un des jeux de cartes les plus populaires au monde. Le *No Limit Hold'Em*, qui est étudié ici, se joue de 2 à 10 joueurs avec des règles assez simples. L'objectif est de former la meilleure combinaison de cinq cartes en utilisant deux cartes privatives et les cinq cartes communes qui sont faces découvertes et placées au centre de la table.

Chaque joueur utilise donc sept cartes pour former la meilleure combinaison possible de cinq cartes. Au départ, chaque joueur tire une carte pour déterminer qui sera le donneur. Le joueur au *bouton* distribue alors deux cartes fermées et privatives à chacun des participants dans le sens des aiguilles d'une montre, en commençant par les deux *blindeurs*. Avant la distribution des cartes, les deux joueurs à la gauche du donneur doivent s'acquitter des *blindes*. Le joueur placé directement à gauche du donneur paie la petite blinde *(small blind)* et son voisin de gauche la grande blinde *(big blind)*.

Quand tous les joueurs ont pris connaissance de leur jeu, commence un tour de mises *pré-flop* qui débute par le joueur situé à la gauche de la *grosse blinde.* À chaque tour d'enchère, le joueur a le choix entre *checker* si aucune mise n'a été effectuée, *suivre* une mise ou *relancer*.

Au *pré-flop*, c'est le joueur *UTG* qui s'exprime en premier. Il doit payer au minimum le montant de la *grosse blinde* pour rentrer dans le coup. Tout le monde parle jusqu'à la *grosse blinde* qui a l'avantage de s'exprimer en dernier. Lorsque tous les joueurs ont misé la même somme ou se sont couchés, le donneur brûle alors une carte et dévoile les trois première *cartes communes*.

Il s'en suit un nouveau tour d'enchère. La *petite blinde* s'exprime alors en premier. Lorsque tout le monde à *coller* ou *checker*, le donneur brûle une autre carte et dévoile une quatrième carte commune, le *turn.*

Vient ensuite un troisième tour de mise. Lorsque tout le monde à *coller* ou *checker*, le donneur brûle une dernière carte et donne une cinquième carte commune appelée la *river* et qui est suivie du dernier tour d'enchère. À l'*abattage* des cartes, c'est celui qui a effectué la dernière *relance* qui montre ses cartes en premier. Vous devez montrer vos deux cartes en même temps. Dans le cas où personne n'aurait relancé à la *river*, c'est celui qui s'exprime en premier qui doit montrer ses cartes.

Le déroulement d'un coup

1. Mises obligatoires des deux joueurs situés à gauche du donneur (petite et grosse *blindes*)

2. Distribution des deux *cartes privatives*

3. Premier tour d'enchères

4. Distribution du *flop* (les trois premières *cartes communes*)

5. Deuxième tour d'enchères

6. Distribution de la *turn* (quatrième *cartes communes*)

7. Troisième tour d'enchère

8. Donne de la *river* (cinquième *carte commune*)

9. Quatrième tour d'enchère

10. *Abattage*

11. Attribution du *pot*

Lorsque vous misez, vous devez le faire au minimum à hauteur de la *grosse blinde*. Si vous *relancez*, il faut au moins que cette relance corresponde au double de la mise initiale. Vous devez impérativement annoncer convenablement vos enchères, les *relances* hésitantes en deux temps ne sont tout bonnement pas prises en compte. Seule votre première annonce compte, alors prenez votre temps pour ne pas risquer de commettre une erreur qui pourrait être lourde de conséquence.

Ne balancez pas vos jetons au milieu de la table. Déposez-les délicatement devant vous de manière à ce que tous les joueurs puissent déterminer le montant de votre mise au premier coup d'œil. D'ailleurs, il est clairement spécifié que le montant de votre tapis doit pouvoir être connu par les joueurs et le croupier à chaque instant.

Vos piles de jetons doivent par conséquent être soigneusement rangées pour faciliter l'évaluation de votre masse de jetons. Bien entendu, il est strictement interdit de dissimuler des jetons ou d'en mettre de côté pour la suite. Dans un tournoi, ne regardez jamais dans le paquet quelle carte serait sortie à la *river*, nous allons voir qu'il existe une méthode pour calculer vos chances de toucher la carte qui vous ferait remporter le coup, en fonction de la cote de votre main.

Aller voir si cette carte serait finalement sortie est un comportement qui vous décrédibilisera fortement.

Hiérarchisation des mains

Carte haute :	A♦	3♥	J♣	10♥	7♠
Une paire :	Q♦	Q♠	7♥	A♣	4♣
Deux paires :	10♣	K♥	K♣	10♦	2♥
Un brelan :	7♥	7♣	7♦	J♠	A♥
Une suite :	8♠	9♦	10♥	J♣	Q♦
Une couleur :	10♠	2♠	7♠	K♠	5♠
Un full :	8♥	8♦	8♠	9♦	9♣
Un carré :	3♠	3♣	3♦	3♥	6♠
Une quinte flush :	5♥	6♥	7♥	8♥	9♥

Cas particulier : le kicker n'entre pas en ligne de compte

En cas d'égalité (une ou deux paires équivalentes par exemple), c'est le *kicker* qui détermine le gagnant. Si le *kicker* du joueur 1 est supérieur à celui du joueur 2, mais que le *board* n'est composé que de cartes supérieures aux *kickers* des deux joueurs, le pot est partagé entre les deux joueurs.
Cette notion est particulièrement simple à comprendre, mais pas facile à maîtriser.

La discipline

Le grand penseur Roger Caillois a dit un jour, « *tout pouvoir vient d'une discipline et se corrompt dès qu'on en néglige les contraintes* ». Bien que je l'imagine assez mal taper le carton avec Georges Bataille, cette phrase résume à la perfection le rôle de la discipline dans une partie de poker.

Dans notre société moderne, la discipline est souvent associée à une forme de rigidité, voire d'austérité que les plus rebelles qualifient de réactionnaire. Et pourtant, la discipline est la qualité primordiale de tout bon joueur de poker. C'est en effet ce qui fera la différence entre un bon connaisseur du poker qui réalise quelques coups lumineux mais qui s'effondre en fin de partie en se faisant piéger comme un débutant, et un joueur discipliné du début à la fin pour qui le moindre écart n'est même pas envisageable. Le gagnant à long terme, c'est lui, à n'en pas douter !

La victoire consécutive de plusieurs gros pots rend certains joueurs trop confiants. Ils sélectionnent moins rigoureusement leurs mains de départ, vont à la pêche aux cartes improbables, et distribuent ainsi beaucoup d'argent. N'oubliez jamais qu'au poker, le manque de rigueur vous fera perdre votre prudence.

Attention ! La prise de risque est bien entendu fondamentale au poker, mais on parle ici de risques calculés et de décisions mesurées grâce, avant tout, à une discipline de fer.

Nous reverrons tout cela plus en détail, mais il me semble plus judicieux de *relancer au bouton* avec 7 et 2 assortis avant deux joueurs qui ne défendent que très rarement leurs *blindes* qu'avec 7 et 2 dépareillés en *premier de parole* avec huit personnes restant à parler après vous. En d'autres termes, ne soyez pas prévisibles, soyez parfois surprenant et farfelu, mais restez le plus discipliné possible, c'est la clé du succès.

Il est essentiel d'être discipliné sur la durée, et cela requiert une grande solidité mentale. Vous en ferez vous-même l'expérience : rester fidèle à une ligne de conduite pendant plusieurs heures durant, avec une accumulation de stress et d'émotions contradictoires, c'est une véritable épreuve de force. Mais cette épreuve de force est nécessaire, pour ne pas dire capitale. Avec un minimum de concentration, la plupart des gens sont capables de se contrôler une ou deux heures mais si leur discipline de fer s'évapore soudainement, les joueurs solides s'engouffrent immédiatement dans la brèche et tapent. Il n'existe aucun grand champion qui puisse se vanter de ne jamais avoir littéralement pété un câble en s'engageant dans un coup inutile avec une main idiote. C'est en ce sens que l'on peut sans prendre trop de risque classer le poker dans la catégorie « sports extrêmes ». En effet, le risque financier d'une partie de poker engendre irrémédiablement diverses émotions qu'il est indispensable de savoir maîtriser pour espérer sortir vainqueur de ce combat.

Vous constaterez que la tentation de faire un petit écart est immense, surtout si vous vous laissez gagner par la lassitude ou la fatigue. Mais n'oubliez jamais qu'il n'y a pas de petit écart au poker : la moindre erreur peut vous faire perdre tous vos jetons. Outre la discipline lors d'une partie, votre devez faire preuve d'une grande discipline financière. Lorsque l'on commence à gagner de petits tournois en *Sit'n'Go*, on peut être tenté de réinvestir une grande partie des gains dans un plus gros tournoi. Hélas, plus le *buy-in* est cher, plus le niveau général de la table est élevé et il n'est pas rare de tout perdre en un rien de temps. Pour prétendre passer au niveau supérieur, vous devrez vous astreindre à remporter trois tournois d'affilée au même niveau de *buy-in*, ce qui n'est pas chose facile. Vous amasserez alors suffisamment d'argent pour survivre quelque temps dans le niveau supérieur. À mesure que les enjeux augmentent, le niveau de compétences des joueurs autour de la table augmente aussi.

Vous voulez être l'un des meilleurs autour d'une table ou le poisson rouge assis au milieu des requins ? Maîtriser l'art du poker demande du temps ; il ne faut surtout pas griller les étapes.

Le poker est aussi, et avant tout un loisir, alors ne jouez jamais avec le budget de votre loyer en vous disant que vous allez gagner ! Jouer en se mettant une pression financière sur les épaules n'apporte jamais rien d'autres que de grands ennuis. Alors mieux vaut éviter de jouer au-dessus de ses moyens.

Pour finir, je me dois de vous parler de la discipline lorsque vous jouez *online*. En *live*, vous n'avez que l'observation de la table pour seule et unique distraction ce qui est excellent pour la concentration. Mais lorsque l'on joue devant son ordinateur à la maison, on est tenté de regarder la télé, de se faire les ongles ou de faire un petit tour sur Facebook. C'est le meilleur moyen de perdre votre concentration et de faire une erreur fatale. Le poker requiert toute votre attention et ne souffre en réalité aucun écart.

Vous l'aurez compris, au poker, la première victoire doit être remportée avant tout sur vous-même. Et sur la durée, vous constaterez rapidement que les jours où vous avez été discipliné n'auront strictement rien à voir avec les jours de relâchement en terme de résultats.

La patience

On dit toujours que la patience est une vertu. Et bien cet adage se vérifie encore plus au poker que dans la vie. C'est en effet votre faculté à patienter qui déterminera votre longévité à une table de poker. En outre, la patience est un signe de maturité et la marque incontestable des grands champions. Ce qui fait d'ailleurs la plus grande différence entre un débutant et un joueur confirmé, c'est indéniablement la patience.

L'impatience fait oublier la technique, on force les mains et ce n'est jamais bon. N'oubliez pas qu'au poker la partie n'est jamais gagnée. Il faut donc jouer sur la durée pour espérer sortir vainqueur. Vous remarquerez parfois qu'un joueur en apparence solide en début de partie se fait sortir sur une erreur grossière. Il a tout bonnement perdu patience, s'est ennuyé, s'est déconcentré et a perdu de gros pots.

Tout peut très vite changer au poker alors attendez votre heure. Dans certains tournois sur le net, il arrive parfois que 70 % de vos adversaires soient éliminés dès la première heure.

Ça vaut donc le coup d'attendre un peu et de durer dans le tournoi. La patience est déterminante car elle vous offre l'opportunité de voir bon nombre de vos adversaires être éliminés. Vous grappillez alors des places pour vous rapprocher des places payées ou même, et je vous le souhaite, pour arriver à la table finale.

Avouez qu'il y a parfois des avantages à ne « rien » faire. Cette patience, ce sont du reste les cartes qui vous l'imposent. En moyenne, vous recevrez une bonne main 1 fois sur 5 seulement.

Cela signifie que sur une table de 10 joueurs, vous participez en moyenne à 2 coups sur 10 et jetez votre main 8 fois. Bien entendu il peut arriver que vous jouiez 5 mains à la suite, puis aucune main lors des 15 tours suivants. Pour réduire la frustration de ne pas jouer, partez du principe que vous n'allez pas entrer dans le coup. Plutôt que de chercher une raison valable qui vous empêcherait de jouer une main, cherchez une bonne raison d'entrer dans un coup. Certes, vous réduirez considérablement le nombre de mains qui vous paraîtront jouables, mais vous réduirez surtout les risques de tout perdre à cause d'un mauvais *kicker* ou d'une relance inappropriée. Vous franchirez une étape cruciale dans votre progression lorsque vous ne regretterez plus de ne pas être rentré dans un coup en voyant le *flop*. Il arrivera évidemment que deux Valets et un 2 se présentent au flop alors que vous aurez jeté Valet-2 dépareillés. Et même si c'est une situation horriblement frustrante, vous n'avez aucun regret à avoir puisque dans l'immense majorité des cas, c'était le bon choix de jeter ses cartes. Tel est le prix à payer pour être gagnant sur le long terme.

Votre objectif est de parvenir à déceler les joueurs à bout de patience. Ils s'agitent, s'énervent et soufflent en jetant leurs cartes. Ces individus nerveux sont vos futurs clients car tôt ou tard, ils finiront par craquer et tenter le tout pour le tout avec n'importe quelle main. Il ne vous restera plus qu'à les cueillir gentiment pour amasser un bon paquet de jetons.

Les cartes n'ont pas de mémoire. Les cartes sont des éléments aléatoires et ce n'est pas parce que vous avez jeté 36 poubelles que la 37e main sera une paire d'As.Ce n'est pas parce que vous n'avez pas touché de brelan depuis un mois que vous allez le toucher demain. Les statistiques s'équilibrent sur le long, voire le très long terme. Alors restez calme et devenez bouddhiste. Un jour où l'autre, il vous arrivera peut-être même de toucher une paire d'As deux fois d'affilée. Vous ne devez donc pas vous sentir frustré de ne pas recevoir de jeu puisque sur le long terme, 1 main sur 5 sera jouable.

La patience vous conduira à la sagesse, la sagesse de ne pas vous écarter de votre ligne de conduite gagnante après un *bad-beat* par exemple. Qui plus est, cela vous donnera la capacité d'accepter le plus dur, à savoir de perdre un coup alors que vous partiez favori et que vous avez parfaitement bien joué, tandis que l'autre a fait *grosso modo* n'importe quoi. L'endurance est votre meilleure amie, donc surtout, soyez patient.

Mais attention : patient ne signifie pas pour autant être attentiste, car la valeur des cartes n'est pas toujours déterminante dans un coup gagnant. Il faut surtout que la situation devienne propice. Attendez votre heure, elle arrive souvent plus vite que prévu et rien de tel que d'être récompensé pour sa malignité.

Il vous faudra aussi être calme pour piéger vos adversaires lorsque vous *floperez* une superbe main. Si votre adversaire mise et que vous le payez instantanément après un long silence à la table, il risque de se méfier et vous aurez du mal à lui soutirer plus d'argent. En revanche, si vous prenez tout votre temps pour *payer la relance*, votre adversaire vous imaginera sur un potentiel tirage et se méfiera moins de la force de votre main.

Le poker nécessite un long apprentissage et la route est ardue avant de maîtriser toutes les facettes de ce sport. Bien évidemment, chaque main que vous ne jouez pas doit être l'occasion d'une observation méthodique de tout ce qui se passe à la table sans vous. L'observation fait d'ailleurs l'objet de toute la seconde partie de cet ouvrage, tant son importance est considérable à une table de poker.

Éthique

Pour conclure cette première partie, voici quelques conseils élémentaires afin de parvenir à la victoire. Ces différentes astuces vous serviront à respecter une certaine éthique tout en maximisant vos espérances de gains.

Le premier conseil est de ne jamais, et sous aucun prétexte, montrer votre jeu, sauf si vous y êtes obligé. Peu importe qu'il s'agisse d'un énorme *bluff* ou d'une très belle main, vous risquez de divulguer de précieuses informations, notamment sur votre stratégie de mise, ou sur votre état actuel d'agressivité. Vous risquez aussi de révéler un *tell* à un adversaire, qui se fera une joie de l'utiliser contre vous à un moment-clé de la partie. Reconnaissez que c'est un peu ridicule de prendre le risque de perdre sous prétexte que l'on ne peut pas s'empêcher de flatter son ego. Montrer aux autres un *bluff*, par vanité, altère la plupart du temps l'image de joueur *serré-agressif* qu'il faut idéalement donner. C'est toutefois une arme, qu'on peut trouver déloyale, utilisée parfois pour démoraliser l'adversaire.

Le poker est un sport de bagarreurs, mais aussi de gentlemen – du moins en théorie – et le fair-play doit vous guider : il y a donc logiquement un certain code de conduite à respecter à une table sous peine de se créer une image déplorable.

Dans la mesure du possible, il est conseillé d'avoir la victoire modeste. Les tendances s'inversent très vite au poker alors ne vous amusez pas non plus à faire la morale à un joueur qui vient de perdre un gros pot. Il est également très mal vu de mettre du temps à montrer sa main lorsque l'on est gagnant. Inutile de faire durer le suspens, croyez-moi, ce n'est vraiment pas agréable pour le perdant. Alors montrez vite votre jeu et ramassez vos jetons, point.

Les règles officielles vous donnent le droit de demander « *the Clock* » au directeur de tournoi si le temps de réflexion que s'accorde un joueur vous semble trop long. Votre adversaire n'a alors plus que soixante secondes avant que sa main ne soit déclarée morte. Personnellement, je considère que presser un adversaire en pleine réflexion n'est pas un geste très élégant. Dites-vous aussi que ce même joueur ne se privera pas de la demander si jamais vous mettez un peu trop de temps pour vous décider.

Pour sortir gagnant d'une partie de poker, ne jouez jamais si vous êtes fatigué, énervé ou préoccupé. Ne rejouez pas immédiatement après avoir perdu suite à un *bad-beat*. Reposez-vous ou allez faire un tour pour changer d'air.

Si vous perdez, dites-vous que ce n'est pas votre jour : n'enchaînez pas les tournois suite à une défaite. Vous vous énerverez, multiplierez les erreurs et rentrerez dans un véritable cercle vicieux qui s'avère parfois être catastrophique, surtout si vous jouez avec vos émotions et non de façon rationnelle.

De même, si au cours d'une partie vous perdez une main importante, que vous perdez gros et que vous avez le sentiment que vous allez vous énerver, levez-vous et faites une pause, jusqu'à ce que vous soyez calmé. Si vous vous obstinez, vos camarades de jeu sentiront dans quel état vous vous trouvez et sauront tirer profit de cette faiblesse.

Attendez que ce soit votre tour pour parler. Au poker comme dans la vie, attendre son tour est un signe de politesse. Si un joueur mise et que vous comptez vous coucher et rendre vos cartes au croupier, attendez pour le faire. Plus grave encore, imaginez que vous fassiez *all-in* prématurément alors que le joueur juste avant vous s'apprêtait à miser. Il va bien évidemment jeter sa main et c'est un cruel manque à gagner pour vous.

Votre tapis doit toujours être bien rangé. C'est une obligation car n'importe quel joueur à la table doit être en mesure d'évaluer la profondeur de votre pécule. Vous devez connaître avec une certaine exactitude votre propre montant de jetons. Il arrive parfois qu'un de vos opposants vous demande combien de jetons il vous reste. Le seul objectif de cette question est de tenter de vous déstabiliser. Si vous répondez du tac au tac, vous ferez vite avorter sa tentative.

Laissez vos cartes sur la table et protégez-les. Quand vous les regardez, pensez à les protéger avec votre main en soulevant seulement le coin. Regardez vos cartes et mémorisez-les ! À la table, il se passe suffisamment de choses, furtives et essentielles, pour que vous ne puissiez pas vous permettre de perdre du temps à vérifier vos cartes.
Après avoir regardé vos cartes, posez-les face vers le bas et posez un jeton sur votre jeu. Ceci indique au croupier et aux autres joueurs que votre main est en jeu.

Évitez absolument de parler de votre jeu pendant une main. Même si vous avez remis votre main au croupier et ne comptez plus remporter le pot. Parler à un autre joueur risque de fausser le coup. En expliquant par exemple que vous venez de jeter un As, vous donnez une information capitale aux joueurs encore présents dans le coup. Alors si vous tenez absolument à parler de votre main avec votre voisin de table, attendez que la donne soit terminée.

Lorsque vous jouez au cercle ou dans un casino, il est d'usage de donner un pourboire au croupier quand vous remportez le pot. Le montant du pourboire est bien évidemment proportionnel à la taille du pot remporté.

Dans un premier temps, je vous recommande de vous concentrer sur une seule variante de poker. Le *No Limit Hold'Em* est la variante qui peut vous apporter le plus de sensations fortes. C'est aussi pour cette raison que ce livre concerne exclusivement ce type de jeu, pratiqué dans les plus grands tournois.

On se pose beaucoup de questions au sujet des lunettes de soleil. Faut-il en porter ? Est-ce vraiment utile pour *bluffer* ? Les lunettes genre tueur en série servent en réalité uniquement à observer la table sans que les adversaires ne puissent déterminer ce que vous regardez. Si vous détectez un *tell* chez un joueur, il vaut mieux qu'il ne se rende compte de rien pour rentabiliser au maximum ce précieux indice.
Au sujet de la chance, ou de la malchance, que dire ? Ces deux cousines font partie intégrante du jeu et vous ne devez jamais vous en plaindre. Honnêtement, les « pleureuses » qui se plaignent à corps perdu de leur malchance sont très mal considérées par les bons joueurs.

S'il vous plait, ne devenez pas un joueur de cette espèce, vous seriez une proie facile pour celles et ceux qui ont un minimum de sang froid : vous donnez une indication utile sur votre état interne.Tout le monde sait que sur le long terme, la chance et la malchance s'annulent et que seules la réalité des statistiques reste. Jouez mille fois paire d'As contre 7-2 et vous gagnerez 820 fois sur 1 000 à 2 % près. C'est ça le poker !

Avoir la patience d'attendre d'être dans les meilleures conditions pour rentabiliser ses mains, c'est réduire le facteur chance au minimum sur le long terme.

Le hasard vous fera parfois gagner, parfois perdre, mais au final, si vous n'avez pas commis d'erreur et que vous étiez favori du coup, vous pourrez partir la tête haute. Souvenez-vous que sur le long terme, c'est votre capacité à commettre le moins d'erreur possible qui fera la différence.

Plus vous jouez, plus vous analysez vos erreurs et moins vous en commettrez.

Vous devrez également être à l'écoute de vos cycles de chance pour savoir quand ce n'est pas le moment de jouer des têtes à têtes où vous n'avez que 50 % de chance de remporter le coup.

Deuxième partie :
Observer l'adversaire

Phil Hellmuth a dit un jour : « *Je préfère avoir une bonne lecture qu'une bonne main.* »

Cette seconde partie est destinée à vous prouver que ce grand champion dit la vérité. En effet, une bonne lecture de vos adversaires vous permettra de déjouer leurs *bluffs* et ce même avec une main totalement faible.

Être capable de lire les mains des adversaires est une arme indispensable si l'on veut gravir les échelons au poker.

En devinant le jeu adverse, vous pouvez coucher des mains fortes qui deviennent chancelantes dans certaines situations. À l'inverse, vous devenez capable d'optimiser certaines mains qui en apparence avaient peu de chance de vous être favorable. Lorsque vous développez votre capacité de lecture, vous perdez moins quand vous perdez et gagnez plus quand vous gagnez.

Attention ! Il est impératif que vos concurrents obéissent à une certaine logique dans leurs actions. Dans le cas contraire, vous ne pourrez pas analyser rationnellement leur façon de jouer. J'en ai fait l'amère expérience en me faisant massacrer par des joueurs qui avaient la hiérarchisation des mains sur un bout de papier en guise d'aide-mémoire. Vous pouvez me faire confiance, on ne m'y reprendra plus jamais. En revanche, si vous éprouvez une grande difficulté à percevoir la moindre information sur un de vos adversaires, méfiez-vous, c'est un très grand joueur. Ne perdez pas votre temps à essayer de le lire, jouez-le avec de très grosses cartes et ne tentez jamais de le *bluffer*.

Dans *The Theory of poker*, David Sklanski énonce le théorème fondamental du poker : « *Chaque fois que vous jouez votre main différemment de ce que vous l'auriez jouée en connaissant les cartes adverses, vos adversaires gagnent de l'espérance ; et chaque fois que vous jouez votre main de façon identique à la façon dont vous l'auriez jouée en connaissant les cartes adverses, vos adversaires perdent de l'espérance. De même, à chaque fois que vos adversaires jouent leur main différemment de la façon dont ils l'auraient jouée en connaissant vos cartes, vous gagnez de l'espérance ; et chaque fois qu'ils jouent leur main de façon identique à la façon dont ils l'auraient jouée en connaissant votre main, vous perdez de l'espérance.* »

Ce texte résume à merveille votre objectif ultime lors d'un tournoi de poker : connaître la main de votre adversaire. Pour cela, il est impératif que l'analyse de la table devienne une seconde nature.

L'observation est à n'en pas douter la qualité que tous les grands joueurs de poker ont en commun. Il est donc primordial que vous développiez cette compétence. Dites-vous bien que chaque information glanée sera peut-être déterminante à un moment décisif de la partie. Chaque main jetée n'est donc pas l'occasion de siffloter en regardant les mouches voler. Vous devez profiter de votre soi-disant inactivité pour étudier minutieusement le comportement de chacun de vos adversaires. À une table de 9 ou 10 joueurs, ce n'est évidemment pas facile de cerner d'emblée les caractéristiques de chaque adversaires.

Nous verrons qu'il existe des signes récurrents chez tous vos adversaires. Il vous faut les identifier du mieux possible.

N'en doutez pas, lorsque vous maîtriserez à la perfection la stratégie et les statistiques, c'est votre observation de la table et l'analyse qui en découle qui fera la différence.

L'immense champion Daniel Negreanu estime que l'observation compte pour 80 % de la victoire finale ! La bonne compréhension des *tells* vous permettra donc d'appréhender de façon sereine les situations délicates ainsi que les assauts répétés de vos adversaires.

Avant de passer à l'observation de la table à proprement parler, un dernier petit conseil : quand un magicien vous fait un tour de magie, tôt ou tard, il emploie un subterfuge pour détourner votre attention sur un détail minime, et ce, dans l'unique but de vous endormir pour que vous ne compreniez pas la supercherie de son tour. On appelle cela une diversion.

Lorsque le *flop* arrive, ne soyez pas à l'affût de vos cartes ! Attendez patiemment votre tour. Vous pourrez ainsi observer vos adversaires à l'instant même où ils prennent connaissance de leur jeu (et les *tells* qu'ils vont laisser échapper).

Regarder ses cartes le moment venu permet aussi de maîtriser ses propres *tells* et réactions inconscientes diverses.

Lorsque le *flop* est dévoilé, contemplez donc la mine réjouie ou déconfite de vos adversaires ! Cette phase d'observation vous en apprendra beaucoup sur la main de votre adversaire. Bien entendu, cette analyse méthodique doit être répétée aussi bien à la *turn* que pendant la *river*. Si l'idéal est d'avoir une idée précise de la main de l'adversaire dès le début du coup, en pratique, cela se passe autrement. La plupart du temps, vous placerez votre adversaire sur un certain panel de mains qu'il vous faudra réduire au fur et à mesure des tours d'enchères.

Pour ce faire vous devez analyser la situation précise de chaque joueur.
Dans quelle contrainte stratégique se trouve-t-il ? En quelle position joue-t-il le plus souvent ? Un événement récent a-t-il pu modifier l'état psychologique d'un joueur (par exemple il a perdu beaucoup de jetons sur un coup au tour précédent) ?
La cohérence générale de toutes ces informations forme un puzzle complexe. Il ne vous reste plus qu'à connecter tous ces éléments avec ce qui vient de se passer en termes de *mises* et de *relances*. Une rupture de comportement et une mise inhabituelle peut apporter des informations complémentaires.

L'observation de la table

Une table de poker a toujours une dominante, appelée *large* ou *serrée*. La règle de base veut que vous jouiez *large* lorsque la table est *serrée* et vice-versa. Si la majorité des joueurs joue *serrée*, ils ne paieront que très rarement vos *relances* et vous pourrez ainsi contrôler la table.

À une table de jeu *large*, il faut en revanche resserrer votre jeu. Les joueurs rentrent dans plus de coups et la sélection de leur main est plus hasardeuse. C'est une excellente opportunité pour sélectionner les mains qui possèdent une bonne espérance de gains et ainsi réaliser de juteux profits.

Nous allons maintenant déterminer les aspects qui caractérisent une table *large* et *serrée*.

La table large

Premièrement, une table large est toujours agitée. Les joueurs de poker parlent beaucoup (ou chattent beaucoup sur Internet) ce qui réduit leur niveau de concentration. Les *relances* sont presque systématiques et il y a toujours plusieurs personnes au *flop.* Les relanceurs et les suiveurs étant nombreux, on voit logiquement bon nombre de *flops*. Le *bluff* a une place prépondérante à ce genre de table.
En jouant *serré*, vous maximisez donc vos chances de rentabiliser convenablement vos bonnes mains.

Les « chacals » (large-agressif) et les « éléphants » (large-passif) sont fortement représentés. À ce style de table, il est donc indispensable pour votre survie de pratiquer un jeu *serré*. Sélectionnez bien vos mains de départ et ne vous aventurez surtout pas avec 7-2 dépareillés en *premier de parole*.

La table serrée

Une table *serrée* est toujours beaucoup moins bruyante et beaucoup plus espiègle qu'une table *large*. Les joueurs misent moins souvent, sélectionnent rigoureusement leurs mains de départ, relancent rarement et ne partent pour ainsi dire jamais la fleur au fusil avec une main minable. À ce style de table, on assiste que très rarement à des tentatives de *bluffs*, ce qui nous donne précisément l'opportunité d'en faire. Libre à vous de *bluffer* de temps à autre lorsque vous sentez une faiblesse chez vos adversaires.

Vous pouvez par exemple profiter des milieux ou des fins de parole pour voler les *blindes.* Mais attention, utilisez toujours le *bluff* avec parcimonie pour conserver l'image d'un joueur *serré-agressif*. Un joueur *serré* aura tendance à ne pas rentrer dans un coup après une *relance*, sauf s'il a une très bonne raison de le faire.

C'est une indication primordiale ! Si un joueur *serré* paie votre *relance*, méfiez-vous, il a une très bonne *main*.
Ce style de table est majoritairement composé de deux types de joueurs : les « souris » (serré-passif) et les « lions » (serré-agressif).

Bien entendu, une table ne peut pas être exclusivement composée de joueurs serrés ou larges. Disons plutôt que c'est une vision d'ensemble de la table. Par exemple, une table qui compte sept chacals, un lion et deux souris doit être considéré comme une table à dominante large.

Cette analyse de la table n'est bien sûr que la base de votre travail d'observation. Évidemment, dans la plupart des situations, vous ne vous confronterez qu'à un ou deux de vos adversaires à la fois. Il est donc crucial que vous observiez très précisément leurs habitudes à la table afin de cerner leur façon de jouer et ainsi anticiper leurs actions pour mieux les piéger. Nous allons maintenant essayer d'appréhender les différentes étapes nécessaires à l'observation méthodique du comportement de chacun de vos adversaires.

Catégoriser l'adversaire

Ceci vous aide à déterminer le style des joueurs présents à la table. Jouent-ils larges, serrés, ou sont-ils tout simplement très bons ? En classant les joueurs par catégories, vous serez capable de mieux jouer contre eux dans les situations de tête-à-tête. Pour déterminer leur style de jeu, au début de la partie, demandez-vous combien de mains ils ont joué et surtout en quelle position. L'idéal est, bien entendu, que le joueur dévoile des mains pour faciliter votre démarche.

Les réponses à ces questions vous permettront de placer les joueurs dans une des catégories que je me propose maintenant de détailler. De nombreux facteurs entrent en jeu selon votre connaissance du joueur (la façon de miser, la tendance à suivre, etc.) mais il est important de connaître leur style général (large, solide ou serrure) au moment d'évaluer les autres paramètres de décision que sont votre tapis, votre position et bien sûr la valeur de votre main. Ce sont des paramètres factuels mais qui évoluent en fonction de vos adversaires.

C'est pour cette raison qu'il est important de bien connaître vos adversaires avant de tenter le moindre *bluff*. Par exemple, vous avez noté qu'un joueur a tendance à voler systématiquement les *blindes* lorsqu'il est au *bouton*. Il se retrouve à votre droite et recommence son petit manège.
Peut importe votre main, vous avez tout intérêt à le *sur-relancer*.
Il se couchera dans la plupart des cas et à l'avenir, ne vous *relancera* que s'il a une bonne main. Votre *petite blinde* sera alors facile à abandonner.

La classification animale consiste à connaître, d'après son comportement, la tendance principale d'un joueur. Quatre tendances se dessinent. Le joueur peut être passif ou agressif, et le joueur peut être large ou serré. Le joueur large est celui qui va rentrer dans beaucoup de coup. *A contrario*, le joueur serré ne joue que très rarement et va voir peu de *flops*. Le joueur agressif quant à lui *relance* souvent et fait tout pour impressionner ses adversaires. Pour finir, le joueur passif ne *relance* que très rarement, il se contente de *suivre* sans jamais chercher à prendre la moindre initiative.

Nous voilà donc face à quatre possibilités, qui se conjuguent.

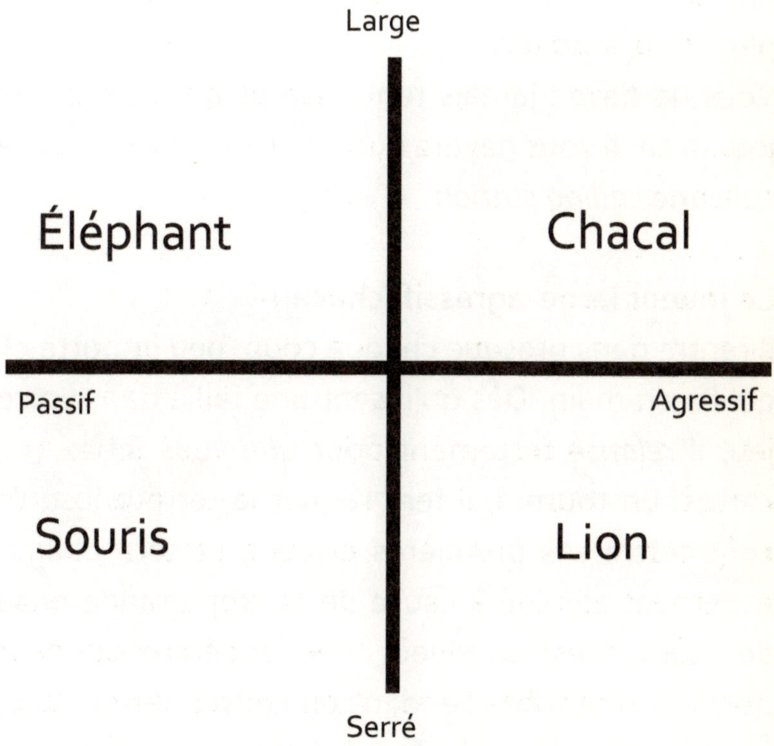

Le joueur large-passif (éléphant)

Il ne cesse de *payer* les mains que les autres *relancent*. C'est typique du joueur débutant qui croit en la chance de ses cartes. Pour peu qu'il ait un As ou un Roi en main, il *paye* quasiment toutes les *relances*. Il va rencontrer de sérieuses déconvenues assez vite. Attention, toutefois, il peut tomber sur une carte providentielle et vous sortir si vous n'êtes pas attentif. C'est toutefois ce joueur qui perdra le plus sur le long terme.

Vous ne devez jamais tenter de *bluffer* ce type de joueur car il vous payera quoi qu'il arrive. On appelle cela une *calling station.*

Le joueur large-agressif (chacal)

Il rentre dans presque chaque coup, peu importe ce qu'il a en main. Dès qu'il sent une faille dans votre jeu, il *relance* fortement pour que vous jetiez vos cartes. En tournoi, il fera régner la terreur jusqu'à commettre ses premières erreurs, et sera obligatoirement éliminé à cause de sa trop grande prise de risque. C'est un joueur très dangereux qui peut dominer une table pendant un certain temps. Très imprévisible, il est impératif de l'attaquer avec des grosses cartes sans avoir peur de ses *relances*.

Le joueur serré-passif (souris)

Il joue au maximum 1 main sur 10. Il ne voit le *flop* que lorsqu'il a la possibilité de *checker* sa *blinde* ou quand il possède une main majeure telle que As-Roi, As-Dame, Roi-Dame et les grosses paires. Il est très prévisible et facilement *bluffable* puisqu'il ne joue que les bonnes cartes et subit rapidement l'augmentation des *blindes.* Éloignez-vous des pots dès qu'il rentre dans une main, à moins d'avoir vous-même une très belle main. Ce genre de joueurs ne doit théoriquement pas vous prendre le moindre centime.

Le joueur serré-agressif (lion)

Il représente le profil du joueur expérimenté qui joue plus les adversaires que les cartes. Selon sa position et la psychologie de ses adversaires, il sait varier son jeu, jouer des *connecteurs assortis*, tenter des *vols de blinde* et profiter de la hauteur peu élevée des *blindes* pour imposer son ascendant psychologique à la table. Quand il rentre dans un coup, c'est qu'il est prêt à *relancer* pour s'imposer. Il ne subit pas les coups des autres et c'est lui qui donne le tempo à la partie. Il faut l'agresser, le *sur-relancer*, lui faire des *check-raise* et l'inciter à *bluffer* lorsque vous avez une main forte. C'est un joueur sérieux. Il se fera donc parfois *bluffer* mais sera gagnant sur le long terme. C'est indéniablement le joueur à imiter.

Vous l'aurez sans doute compris, votre objectif à court terme est donc de devenir ce joueur serré-agressif à qui tout réussit en vous éloignant le plus possible des trois autres profils bestiaux qui vous ruineront à plus ou moins long terme.

Nous allons maintenant voir comment étudier nos adversaires en fonction de leurs habitudes de mise.

Les habitudes de mises

Le niveau d'agressivité

Combien de mains un joueur *relance* et *sur-relance*-t-il ? Plus ils le font, moins vous accorderez de crédit à leur agression, et vice-versa. Vous allez devoir ajuster votre jeu et votre sélection de main en fonction de ce facteur. Contre un joueur trop agressif, vous pouvez élargir votre sélection de main pour *relancer* ou *coller*. Contre quelqu'un qui ne *relance* que rarement, vous devez sélectionner plus attentivement vos mains.

La tendance à payer

Le joueur adverse est-il plutôt *weak* (passe souvent) ou *calling station* (paye souvent) ? Dans le premier cas, soyez vigilants quand ce type de joueur vous suit, en conséquence selon la force de votre jeu. Alors que face à un joueur qui suit beaucoup, réfléchissez avant de miser et surtout ajustez le montant de votre mise en fonction de cette tendance. Et répétez vous le vieil adage « ne jamais bluffer une *calling station* ». D'un autre côté vous pouvez faire payer vos *value bets* beaucoup plus chères que face à des joueurs plus serrés. L'observation attentive des comportements vous permet aussi de déterminer les montants auxquels ils vont suivre ou passer, et agir en conséquence selon la force de votre jeu.

Réaction aux mises et relances adverses

Un joueur *couche* systématiquement ses mains s'il n'a pas une main forte ? Profitez-en et *relancez*-le souvent ! Si au contraire un autre a tendance à *miser* trop fort ou *relancer en bluff*, piégez-le en *sur-relancant à tapis* avec une main forte.

Le jeu pré-flop

Déterminez si le montant des mises adverses varie. Si vous observez des variations chez un joueur, déterminez pourquoi il mise tel montant avec telle main. Vous détiendrez alors une information cruciale que vous pourrez retourner contre le joueur en question. L'un des travers les plus communs que vous rencontrerez sur les tables de poker sont les relances *pré-flop* avec des mains assez bonnes, mais souvent dominées au *flop* comme paire de Valet, paire de 10 ou encore As-Valet : une paire de Valets perd beaucoup de sa prestance si un Roi surgit au *flop*, par exemple. Payez ces *relances en position* car vous serez souvent en mesure de prendre le coup dès le *flop*.

La défense des *blindes*

Si un joueur abandonne souvent sa *blinde* sur les *relances*, essayez de l'attaquer le plus souvent possible *pré-flop*. S'il suit parfois mais sans *relancer votre mise*, continuez à *relancer* à volonté en profitant de votre *avantage de position*. Meilleure est votre *position*, plus souvent vous *relancerez*. Si le joueur a au contraire tendance à *défendre sa blinde* coûte que coûte, soyez plus sélectif et *relancez*-le fortement.

Récapitulons : observez les habitudes de mise des joueurs (tailles des *relances*, vitesse des *mises* et des *relances*) ; efforcez-vous de deviner les mains de vos adversaires et rejouez le coup dans votre tête lorsque l'adversaire a dévoilé ses cartes pour comprendre sa mécanique de jeu.

Enfin, vous devez évaluer dans quel état d'esprit sont vos concurrents (énervés, peureux, idiots, etc.).

Les tells

Vous le savez sûrement, la plupart des choses que nous exprimons ne sort pas de notre bouche. Le langage du corps exprime en effet la majeure partie de ce que nous pensons et ressentons. On nous a toujours appris à enfouir nos réels ressentis au plus profond de nous-même. Notre mère nous a forcé à être courtois et aimable avec la boulangère en lui témoignant de la sympathie. Peu importe les affinités développées avec la boulangère, nous nous devions de lui sourire bien que ce sourire n'ait pas toujours été naturel. La politesse et la bienséance nous ont donc entraînés à dissimuler nos émotions à l'aide de notre visage et de nos propos.

Les *tells* sont les signaux que transmet le corps en réaction à une émotion bien précise. L'ensemble de ces signes sont des réflexes innés, ancrés au plus profond de notre cortex cérébral qui nous aidaient autrefois à nous prémunir d'un danger. Ces réactions instinctives apparaissent en fonction de nos émotions, quelles soient positives ou négatives. Bien sûr, on ne réagit pas de la même façon quand on est dans une intense situation de stress et quand on est parfaitement détendu.

Chaque *tell* doit donc être analysé et, idéalement, vous devez être en mesure de compiler cette information avec d'autres détails qui ont pour but d'infirmer ou de confirmer votre première intuition.

J'attire votre attention sur le fait qu'il est impossible de lire un adversaire qui n'a pas réellement conscience de la force de sa main. Un joueur débutant croit parfois avoir une bonne main avec un *tirage quinte par le ventre* alors que les statistiques ne sont vraiment pas avec lui. Si jamais il pense avoir une main très forte, il vous enverra des signes de confiance alors qu'il n'a qu'une main médiocre tout au plus. Renoncez donc à lire ce type de joueurs, ils ne font généralement pas long feu à une table de poker. Vous les aurez en les piégeant avec un brelan ou un meilleur *kicker.*

Pour être bien sûr de ne pas vous méprendre dans votre lecture, il est indispensable d'avoir observé les manies et les tics de vos adversaires avant qu'ils ne soient plongés dans un quelconque état de stress. Vous devez pour cela observer les joueurs dès votre arrivée à la table. Si vous repérez quelqu'un qui passe son temps à se toucher l'oreille avant même la distribution des cartes, vous ne pourrez pas ensuite attribuer cette attitude à un stimuli bien précis.

Je vous propose maintenant d'étudier minutieusement les *tells* que l'on retrouve le plus couramment à une table de poker. Pour cela, nous allons commencer par analyser les *tells* du corps dans son ensemble, c'est-à-dire comment le corps réagit et se positionne par rapport à ce qui se passe devant lui.

Nous étudierons ensuite les *tells* spécifiques à chaque partie du corps. Nous effectuerons cette analyse de haut en bas, puisque les *tells* du visage sont les moins fiables, pour finir par les *tells* des jambes et des pieds. Ces *tells* sont les plus fiables puisque nous n'avons jamais vraiment appris à mentir avec nos pieds.

En cours de route, un adversaire peut changer radicalement de comportement si tout à coup une carte ruine son coup. Soyez à l'affût. La clé pour bien lire vos adversaires est d'acquérir une réelle connaissance puis de la vérifier. La collecte d'un unique signe est risqué, deux c'est mieux, et trois pourrait mener à la confirmation ! Chercher le facteur qui a déclenché le stress en amont peut aussi vous guider.

Le joueur qui a une main faible

– S'immobiliser est un signe de peur. Nos ancêtres s'immobilisaient lorsqu'ils apercevaient un prédateur dans la savane et nous avons gardé en nous ce réflexe instinctif de défense. Il arrive qu'un joueur se transforme en statue tout à coup. Il bloque sa respiration, ne bouge plus les jambes ni la tête. Si vous observez un tel comportement, c'est que votre adversaire est en plein *bluff*.

– Nous nous éloignons instinctivement de ce qui ne nous plaît pas. S'éloigner de la table en se retirant vers l'arrière signifie généralement que le *flop* n'était pas celui espéré.

– Se tasser ou se recroqueviller sur soi-même indique une main faible.

– Les pupilles qui rétrécissent sont le signe infaillible que votre adversaire n'a pas une bonne main et qu'il n'aime pas du tout ce qui se passe.

– En règle générale, quand un joueur se touche le visage après avoir parié, c'est pour se détendre et apaiser ses angoisses. Que ce soit se masser le lobe de l'oreille, le front, les joues, la base de la nuque, le côté du cou, la glotte, tous ces geste de relaxation annoncent généralement une *poubelle*. J'ajouterai que plus le stress sera important, plus la surface massée sera importante.

– Quelqu'un qui se touche la bouche ou le nez cherche indéniablement à lutter contre une angoisse.

– Un joueur d'ordinaire peu bavard qui se met soudainement à raconter sa vie après avoir misé une grosse somme est souvent en plein *bluff*.

– Se pincer les lèvres représente un stress important.

– S'humidifier la bouche est également révélateur d'un stress important.

– Se mordiller la lèvre, le doigt ou un objet, par exemple un bic, est un moyen inconscient que nous utilisons pour combattre nos peurs.

– Se ronger les ongles est un signe de défiance.

– Une femme en plein *bluff*, ou doutant de sa main, jouera avec ses cheveux ou son collier pour se détendre.

– Pour un homme, ajuster sa cravate révèle une angoisse à surmonter.

– Décoller son t-shirt ou son col de chemise du cou avec un doigt pour se donner de l'air est un signe de malaise. Il y a de fortes chances que l'adversaire n'aime pas du tout sa main.

– Les deux bras croisés sur la poitrine, c'est une attitude protectrice, signe d'inquiétude et de désarroi.

– Les mains serrées et crispées indique une main faible. Si le bout des ongles blanchit, c'est que les doigts exercent une forte pression pour contenir une émotion négative et évacuer le stress.

– Les doigts entrelacés sont assimilables aux deux bras croisés sur la poitrine. C'est un comportement qui suggère une faiblesse. De même si un joueur tortille ses doigts, il essaie tout bonnement d'évacuer un stress.

– Cacher ses pouces dans son pantalon est un signe de faiblesse.

– Un joueur passe ses mains sur ses cuisses tout simplement pour se détendre lorsqu'il n'a pas de bonnes cartes.

– Un joueur qui détourne les pieds de la table signifie qu'il veut sortir du coup car il n'aime pas du tout sa main. Malheur à lui s'il essaie de vous *bluffer* et que vous avez vu ses pieds changer d'orientation.

– Un joueur qui recroqueville ses pieds en dirigeant ses orteils vers l'intérieur (les orteils du pied droit face aux orteils du pied gauche) dévoile un malaise et une réelle faiblesse. De même, un joueur qui croise les pieds au niveau des chevilles ou qui enroule ses chevilles autour des pieds de la chaise dévoile là une sourde crainte et tient généralement une *poubelle*.

– Bloquer ses jambes autour des pieds de la chaise peut s'apparenter à une immobilisation, le joueur n'est vraiment pas sûr de lui et se contient.

Le joueur qui a une main forte

Les tells d'élévation

Vous pensez que des bonnes cartes peuvent vous donner des ailes ? Figurez-vous que vous ne pouvez pas être plus près de la vérité. Lorsque l'on touche une bonne main, notre corps ou tout du moins une partie de notre corps tend à s'élever pour prendre de la hauteur.

– Un joueur se lève : il arrive que la pression à la table soit si forte, notamment les tables aux montants très élevés, que les joueurs ressemblent à des cocottes minutes prêtes à imploser. Dans ces conditions, un joueur qui touche une bonne main atteint un tel niveau d'excitation qu'il ne peut s'empêcher de se lever. Il nous révèle alors le *tell* d'élévation le plus fort.

– Un joueur qui se redresse soudainement. Ceci est indéniablement un signe de force, le joueur se sent en confiance et devient très puissant. D'ailleurs, ce redressement en dit long sur le grand intérêt qu'il porte à ses cartes. Vous devez toujours être très vigilant au moindre changement d'attitude ou de posture de vos adversaires.

– Les sourcils levés sont indéniablement un *tell* de confiance qui défie les lois de la gravité. Soyez très attentifs, ce genre de *tells* ne dure qu'une fraction de seconde mais peut vous faire économiser beaucoup d'argent.

– Le nez pointé vers le haut est également un *tell* d'élévation qui indique que votre adversaire a touché une bonne main. De même, si jamais un concurrent crache la fumée de sa cigarette vers le haut (dans le cadre d'une partie dans un lieu privé), cela semble indiquer qu'il a touché une main forte. En toute logique, relever le menton est aussi un signe de confiance. Vous l'aurez sans doute compris, lorsque la tête de votre opposant s'élève d'une façon ou d'une autre, c'est qu'il a touché une bonne main.

– Les doigts orientés vers le haut trahissent également la confiance. Si le joueur réunit le bout des doigts de ses deux mains pour former une flèche, méfiance, ce joueur aime beaucoup sa main.

– Les talons d'un individu qui décollent du sol sont signes qu'il a une main forte. Les pieds levés sont signe d'un passage à l'action imminent alors soyez extrêmement prudent si les talons d'un joueur décollent soudain du sol.

– Un joueur jette ses jetons en arc de cercle. Ce lancer de jetons représente un arc-en-ciel de la main du joueur jusqu'au pot. Lorsque, à l'image d'un joueur de pétanque qui pointe le cochonnet, un joueur fait pleuvoir ses jetons dans le pot, je vous déconseille vivement de participer au coup.

Hormis les tells d'élévation, d'autres tells peuvent révéler une main forte

– Un joueur va se rapprocher de la table s'il est persuadé d'avoir une bonne main. N'oubliez pas : on se rapproche de ce que l'on aime et l'on s'éloigne de ce qui nous déplait. Attention, un joueur

– Nous allons maintenant parler d'un *tell* très classique mais très difficile à repérer car éphémère. Si un joueur regarde ses jetons immédiatement après avoir pris connaissance de ses cartes, c'est qu'il a un excellent jeu.

– Les narines dilatées et qui se gonflent préviennent qu'un joueur se sent en confiance et qu'il va passer à l'action avec une bonne main. Ce *tell* demande une grande perspicacité.

– Avancer ses mains sur la table après avoir regardé ses cartes ou après avoir vu le *flop* est le signe d'une main puissante.

– Si un joueur plaque subitement les paumes des mains sur la table, c'est un *tell* d'intention qui révèle qu'il va passer à l'action. C'est un peu comme s'il s'apprêtait à se lever de la table pour vous sauter dessus. Rassurez-vous, il n'en fera rien mais vous devez cependant vous méfier de la force de sa main.

– De même, si vous constatez qu'un joueur place ses pieds comme dans des *starting blocks*, talons relevés et doigts de pieds orientés vers l'avant, c'est qu'il s'apprête sans doute à attaquer.

– Un joueur qui attrape très vite ses jetons et mise révèle une main forte. Si la main est tremblante, vous pouvez être sûr que votre adversaire a touché une *montagne.*

– Les pieds qui trépignent sont incontestablement un signe de force et de confiance. Alors si vous voyez les épaules ou la chemise d'un adversaire bouger verticalement, c'est que ses pieds trépignent et qu'il a un bon jeu.

Les tells en ligne

Le mode d'interface des sites de poker en ligne nous permet de déceler certaines informations qu'il nous est impossible d'observer dans la réalité. Par exemple, si un joueur *check* à la vitesse de l'éclair, c'est qu'il a utilisé le bouton automatique *check/fold.* Vous pouvez donc être sûr qu'il déteste sa main.

Étant donné que vous ne pouvez pas voir physiquement vos adversaires lors d'un tournoi sur Internet, vous devez vous rabattre sur le peu d'informations qui se trouvent en votre possession. Vous devez donc analyser, comme en *live*, les habitudes de mises des joueurs, et plus particulièrement la vitesse et le montant de leurs relances.

Ces habitudes de mises sont d'ailleurs plus fiables que dans la réalité car les joueurs jouent beaucoup de main sur Internet et leurs mises sont plus « mécaniques ».

La psychologie inverse

Dans son livre *Poker tells*, Mike Caro nous enseigne qu'une attitude forte et conquérante révèle généralement une main faible tandis qu'une attitude timide et fébrile révèle la plupart du temps une main très forte. Cette approche est des plus logique, surtout si l'on part du principe que les adversaires à la table sont là pour vous piéger.

Je me rappelle d'une de mes nombreuses parties de poker pendant les longues soirées d'été, à l'époque où le poker n'était encore pour moi qu'un simple divertissement. Je me lance dans un *bluff* improbable en *envoyant mon tapis* à l'un de mes congénères assis à la table. Il prend alors beaucoup de temps pour réfléchir et me demande soudain si j'ai envie qu'il me paye. Je lui ai bêtement répondu que j'adorerais ça, il a immédiatement suivi ma *relance* et m'a éjecté du tournoi.

J'ai tout simplement été victime de ma trop grande naïveté. N'oubliez jamais que les gens feront tout pour vous dissimuler la vérité et vous induire en erreur. Si une personne à la table *relance* très agressivement et s'empresse de se donner l'air naturel en buvant son verre, vous pouvez être sûr que c'est possiblement un énorme *bluff*. Le joueur essaie simplement d'avoir l'air serein et tente de se construire une attitude confiante. Plus un joueur paraît détendu, confiant et cumul les gestes anodins comme boire un coup ou regarder sa montre, plus il doit vous sembler suspect.

A contrario, un joueur qui fait mine de se désintéresser du coup ou qui prend l'air affolé et dégouté à chacune de vos *relances* cache sans doute une énorme main et fait tout pour que vous l'agressiez en atteignant le point de non retour.

Maintenant que je vous ai parlé de ce concept essentiel de la psychologie du poker, il est temps de creuser en profondeur pour anticiper le phénomène dit de la « psychologie inverse ». C'est facile : il s'agit de simuler le contraire de tout ce qui précède ! Vous savez, le moment où vous savez que je sais que vous savez. Ou bien l'inverse, je ne sais plus. Bref, si au moment de mon *bluff* qui a lamentablement échoué, j'avais choisi d'utiliser la psychologie inverse en faisant mine de ne pas avoir confiance en ma main, mon opposant se serait sans doute couché. Il est donc primordial que vous adaptiez votre façon de jouer en fonction de ce que vos adversaires pensent de vous. Prenons un autre exemple. Au cours de la partie, vous avez *bluffé* à plusieurs reprises en *misant à hauteur du pot* lorsque vous étiez au *bouton*, et ce dans le but d'arracher le pot. Bien évidemment, un adversaire à remarqué votre petit manège et comme vous avez acquis un sens aigu de l'observation, vous savez pertinemment que ce joueur à repéré votre habitude de mise.

Si plus tard dans la partie, vous vous retrouvez face à cet adversaire avec une énorme main, le mieux que vous puissiez faire est d'effectuer une *relance à hauteur du pot*, identique à celles que vous faisiez au début de la partie pour *bluffer* le coup. Il y a alors de fortes chances que votre adversaire pense que vous cherchez une fois de plus à voler le pot et vous *relance à tapis*. C'est aussi ça le poker, faire en sorte que l'adversaire mette tous ses jetons au milieu alors que vous avez une meilleure main que lui.

La psychologie inverse peut se faire à un niveau, mais aussi à deux niveaux. Vous avez constaté que votre adversaire est un adepte de la psychologie inverse. Il faut donc en tenir compte dans vos prises de décision. C'est à ce moment précis que les *tells* jouent un rôle très important. Les joueurs simplement très bons jouent parfois au niveau trois ou quatre de la psychologie inverse. Une petite idée de ce qu'est l'enfer moderne ! Dans ce cas, je vous déconseille carrément de tenter de les lire. Contentez-vous de jouer votre meilleur poker et attaquez-les avec de grosses cartes.

La psychologie inverse est un excellent moyen de brouiller les pistes, de rendre son jeu incompréhensible pour les adversaires et vous permet de varier votre jeu pour tout simplement devenir un joueur impossible à lire.

Rester impassible

Attention ! Il ne suffit pas de faire preuve d'une observation aiguë en vous concentrant uniquement sur le décryptage du jeu adverse. D'autres personnes à la table observent vos moindre faits et gestes afin de trouver la faille qui vous fera tout perdre. À chaque instant, vous vous devez donc de rester impassible en laissant définitivement l'affect au vestiaire. Il vous faudra pour cela enfouir au plus profond de vous les réflexes naturels qui ont permis à l'espèce humaine de survivre, à l'époque où les monstres préhistoriques gambadaient dans les plaines en toute quiétude, à la recherche d'un petit en-cas.

Avec le temps, on apprend à gérer ses émotions mais ce n'est certainement pas quelque chose d'inné. Je vous l'accorde, cela requiert beaucoup d'efforts mais c'est le prix à payer pour parvenir à contrôler les signaux que l'on envoie à la table pour mieux la dominer. Dissimuler vos sentiments vous fera économiser autant de jetons qu'une bonne lecture vous en fera gagner.

Tel Phil Ivey, vous devez adopter une attitude mécanique, proche de celle d'un robot. Votre gestuelle ennuyeuse et répétitive finira alors par lasser vos adversaires, qui se désintéresseront peu à peu de vous.

Choisissez une position confortable de manière à la garder tout au long de la partie. Concentrez-vous lorsque vous regardez vos cartes car c'est le moment où tous les yeux seront rivés sur vous. Joignez vos mains et portez-les au niveau de la bouche. De cette façon, vous dissimulerez votre bouche, votre nez et votre cou.

Varier son jeu

Bien entendu, vos adversaires observent également votre stratégie et votre façon de jouer avec telle ou telle main. C'est la raison pour laquelle il est impératif de varier votre façon de jouer, pour éviter qu'un adversaire ne décèle la force de vos mains sans que vous ne lui preniez le moindre jeton. Quand vous *misez* ou *relancez*, vous envoyez des informations précises. Si le montant de votre *relance* est faible à chaque fois que vous voulez attirer votre adversaire dans un piège, celui-ci va vite le comprendre et ne rentrera pas dans votre jeu.

Il y a deux façons bien distinctes de varier votre jeu : jouer fortement une main faible, ou bien jouer faiblement une main forte, en *limpant* par exemple avec une paire d'As ou une paire de Roi. En montrant un signe de faiblesse à un adversaire agressif, il y a de fortes chances que vous l'incitiez à s'engager dans le coup. C'est aussi dans ces moments-là que l'observation des adversaires prend tout son sens. Il ne faudra que quelques initiatives de ce genre pour calmer les ardeurs des joueurstrop agressifs puisque vous serez devenu totalement illisible. Ces derniers finiront pa prendre peur et il sera plus simple de protéger vos mains faibles lorsque vous voudrez *limper pré-flop* car même le joueur le plus offensif du monde réfléchira à deux fois avant de vous *relancer*.

Il ne s'agit pas de devenir agressif à outrance sans raison apparente alors que vous avez joué serré tout au long de la partie. Il s'agit plutôt de trouver la position et le moment approprié pour jouer une main différemment.

Si vous faites un *check-raise* à chaque fois que vous avez une bonne main, alors le moment est peut-être venu de faire directement une grosse *relance* avec une main similaire, surtout si vous sentez que votre adversaire à repéré votre petit manège. Varier son style de jeu permet donc de prendre le dessus sur un adversaire qui aura analysé votre façon de jouer et s'attendra à ce que vous répétiez des gestes bien spécifiques dans des situations récurrentes.

Varier son style de jeu, c'est savoir brouiller les pistes, mais encore faut-il le faire au bon moment. Quand vous vous rendez compte que vos adversaires commencent à vous mettre de plus en plus souvent dans des positions inconfortables, c'est qu'il est temps de s'adapter. Comprenez bien que vos adversaires garderont en mémoire la façon dont vous avez joué certaines mains et adapteront leur stratégie pour tenter de vous contrer.

La *bulle* est un des moments propices pour changer de rythme. C'est en effet à ce stade du tournoi que la plupart des joueurs vont resserrer leur jeu pour être assuré de figurer dans les places payées. Cela confère un énorme avantage aux joueurs qui sont prêts à varier leur style de jeu. Beaucoup de jetons sont en jeu, car à ce stade du tournoi le montant des *blindes* est très élevé. Si vous avez joué un poker serré-agressif jusqu'à ce stade, vos adversaires penseront que vous avez d'office une bonne main si vous misez.

Profitez donc de votre image pour varier votre style de jeu et manipuler vos adversaires. Si vous remarquez le changement d'atmosphère à la table, vous pouvez utiliser ce changement de vitesse à votre avantage afin de maximiser vos profits.

Si vous constatez que les joueurs à la table jouent beaucoup plus serré, le moment est venu d'élargir votre jeu et vice-versa. L'image que vous donnez aux autres joueurs est primordiale et c'est en jouant avec cette image que vous arriverez à gagner un maximum lorsque vous jouez. Vous l'avez compris, le concept de variation du style de jeu ne doit pas être pris à la légère. Avec un peu d'expérience et de logique, mais surtout en vous basant sur une parfaite observation de la table, vous arriverez à tirer avantage de nombreuses situations qui semblent délicates à première vue et gagnerez de gros pots en trompant vos adversaires.

Vous vous rendrez vite compte que ce n'est pas un hasard si les joueurs expérimentés arrivent souvent à donner de fausses informations à leurs adversaires. C'est en variant leur style durant les différentes phases du tournoi qu'ils parviennent à faire la différence.

On entend souvent dire que le poker est un jeu d'informations incomplètes. C'est on ne peut plus vrai. Mais plus vous recueillez d'informations sur les joueurs, plus grande sera votre capacité à prendre les bonnes décisions et à profiter des travers et erreurs de vos adversaires. Ces atouts dans votre jeu sont la clé du succès.

Il faut donc que vous soyez à l'affût de toutes les micro-perturbations qui peuvent survenir à la table. Vous devez également être capable de vous projeter dans le passé pour analyser les coups antérieurs d'un joueur et mettre en place un historique détaillé et archivé dans des cases de votre cerveau.

Troisième partie :
La stratégie

Maintenant que nous avons étudié minutieusement nos adversaires, trois grands styles de joueurs se dessinent très nettement. Les joueurs serrés qu'il faut agresser, les joueurs larges qu'il faut piéger avec de bonnes mains et les joueurs solides, ceux qui sont tout simplement bons.

Dans les notions que je m'apprête à détailler, je m'efforce, dans la mesure du possible, de vous indiquer le comportement à adopter en fonction du type de joueur que vous avez en face de vous. Après tout, je ne fais que vous entraîner à appliquer une formule gagnante : observer l'adversaire pour connaître sa façon de jouer et cerner ses faiblesses pour l'attaquer en conséquence.

Les quatre premiers chapitres de cette partie correspondent chacun à une des quatre phases de jeu, à savoir le jeu *pré-flop*, le *flop*, le *turn* et la *river*. La cinquième partie concerne quant à elle les phases spécifiques à une fin de tournoi. Le poker étant un jeu où il faut, comme aux échecs, anticiper trois coups à l'avance, il m'a semblé plus clair d'expliquer comment jouer *pré-flop* avec certains styles de mains.

Ceci me permet de me concentrer, dans les chapitres concernant le *flop*, le *turn* et la *river*, sur les notions spécifiques à ces trois phases de jeu.

Les probabilités préflop

Comme on dit, « *vous pouvez facilement vous noyer dans la plupart des rivières qui ont une profondeur moyenne de trois pieds.* »
Probabilité de toucher une paire : 6%.
Probabilité de toucher des cartes assorties: 25%
Probabilité de toucher des consécutives assorties : 2%.
Probabilité de toucher une paire d'As : 0,45 %.

Une paire VS une carte égale et une carte inférieure

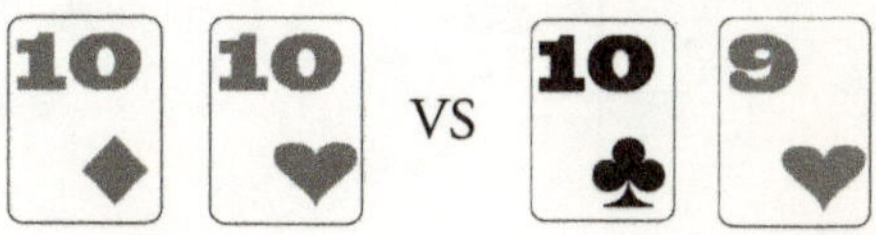

90/10

Une paire VS deux cartes inférieures

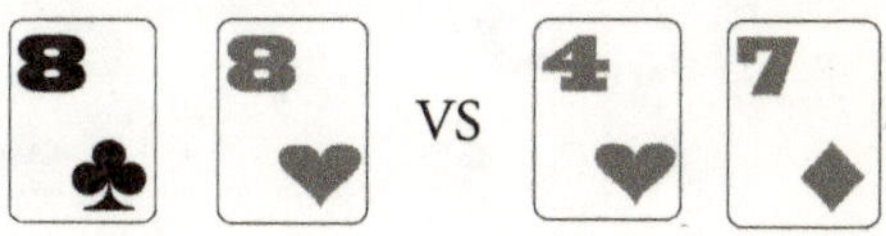

85/15

Une paire VS une paire inférieure

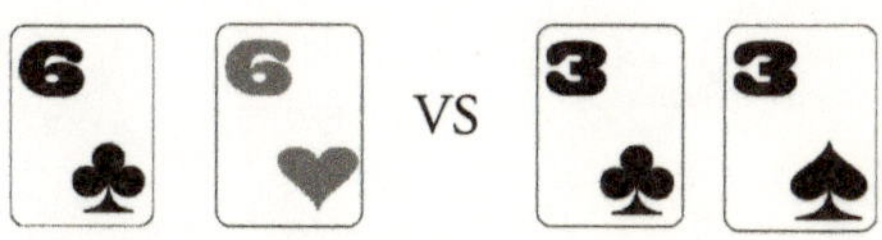

80/20

Une paire VS deux SC.	Q♥ Q♠	VS	10♠ 9♠	80/20
Une carte supérieure et une carte égale	Q♥ J♠	VS	J♦ 10♥	70/30
Consécutives assortie VS consécutives plus basses	Q♠ J♠	VS	10♥ 9♥	60/40
Cartes supérieures VS paire inférieure	A♥ K♦	VS	4♥ 4♣	50/50
Deux cartes supérieures	K♥ J♠	VS	9♠ 7♦	70/30

Le tapis

Le facteur de décision primordial dans un tournoi de poker est la taille de votre *tapis*. Au *No Limit Hold'Em*, vous pouvez miser l'intégralité de votre *tapis* et tout perdre d'un seul coup. C'est d'autant plus agaçant de se faire sortir seulement quelques places avant la *bulle* parce que l'on s'est attaqué à un joueur qui a un plus gros *tapis* que le sien.

N'oubliez jamais que votre objectif primordial dans un tournoi est de survivre le plus longtemps possible. Cette longévité passe notamment par le respect d'une règle très simple : sauf si vous avez réellement une très bonne main, ne vous attaquez pas aux adversaires qui disposent d'un *tapis* plus profond que le vôtre. Gardez aussi à l'esprit qu'il est toujours plus difficile d'intimider un adversaire qui est certain d'être encore dans la partie après votre confrontation.

Bien entendu, avec l'augmentation des *blindes*, vous risquez par moment d'être *short stake* et de devoir prendre plus de risque. La manière dont vous jouez lors d'un tournoi dépend avant tout de la taille de votre *tapis* et de celui de vos concurrents.

Vous devez toujours être en mesure d'estimer celui de vos adversaires pour savoir où vous vous situez à la table. Il est nécessaire d'évaluer qui a un *tapis* confortable, qui commence à avoir un *petit tapis* et surtout qui domine la table avec une monstrueuse masse de jetons. Un joueur avec un *petit tapis* ressent une grande pression avec les *blindes*. Il n'aura donc pas le loisir de patienter gentiment en attendant une grosse main et vous pourrez accorder moins de crédibilité à ses *relances à tapis*. Attention tout de même, il ne faut surtout pas donner l'occasion à un joueur *short stake* de *doubler son tapis*. Vous lui redonneriez alors une grande confiance et cela pourrait être désastreux à moyen terme.

Vous l'aurez sans doute compris, la *taille de votre tapis* a une grande incidence sur votre prise de décision dans une partie de poker. C'est en évaluant votre *tapis* que vous saurez quel type de main vous pourrez jouer, ou si vous devez suivre une *relance* lorsque vous êtes sur un *tirage*.

On considère généralement qu'il y a trois tailles de *tapis* : les *petits tapis*, les *tapis moyens* et les *gros tapis*. Un *petit tapis* est un *tapis* inférieur à un montant équivalent à 15 *grosses blindes*. Un *tapis moyen* est compris entre 15 et 30 *grosses blindes* et un *gros tapis* est constitué de plus de 30 *grosses blindes*.

Nous allons maintenant appréhender la tactique à adopter en fonction de votre situation financière à la table.

Short stack ou petit tapis,
soit moins de 15 grosses blindes

Lorsque vous êtes *short stack*, votre jeu devient binaire. Soit vous faites *tapis pré-flop*, soit vous vous *couchez* : c'est facile !

Il est toujours préférable d'être le premier à agir. Le fait d'ouvrir le pot par une *relance à tapis* peut encore vous permettre de bénéficier d'une certaine *fold equity* et de faire réfléchir vos adversaires à deux fois avant d'engager un montant considérable pour vous payer. Payer un tapis de 11 *grosses blindes* reste toujours une décision délicate pour un joueur qui possède d'un tapis de 20 à 30 *grosses blindes*. C'est une décision beaucoup moins délicate si ce joueur a déjà investi 3 ou 4 *grosses blindes* en *relançant pré-flop*. Ce joueur aura alors tendance à vous payer. Il est donc préférable de faire *tapis en fin de parole* avec As-10 dans un pot qui n'a été *relancé* par personne que de faire *tapis* avec As-Valet dans un pot qui a déjà été *relancé*.

S'il y a une relance, et surtout si cette *relance* à eu lieu en début de parole, vous pouvez logiquement considérer que le *relanceur* possède une main telle que As-Dame assortis. Que vaut alors une main comme As-Valet ? Sincèrement, plus grand-chose. Prendre l'initiative, surtout avec un *petit tapis*, n'est donc jamais une erreur.

Lorsque le pot n'a pas été *relancé* avant vous, vous avez deux chances de gagner le coup. Vous pouvez premièrement gagner le coup grâce à la *fold equity* en faisant *coucher* tout le monde *pré-flop* et, deuxièmement, gagner votre *confrontation à tapis* si vous êtes payé. En faisant *tapis* dans un pot déjà *relancé*, vous ne disposez plus que d'une seule chance de gagner car vous n'avez pas de *fold equity* sur le relanceur initial et ce sont les cartes du *board* qui décideront de votre sort.

Enfin, vous pouvez tenter de voler les *blindes* en envoyant votre *tapis* mais ne le faites pas trop souvent sous peine d'aller au-devant de graves ennuis et d'une grosse déconvenue.

Tapis moyen,
de 15 à 30 grosses blindes

Avec un *tapis moyen*, votre marge de manœuvre est beaucoup plus large. Disons que vous avez une paire de 10 servie et que vous disposez d'un tapis de 24 *grosses blindes.*

Un joueur en *milieu de parole* a *relancé* à 4 *grosses blindes*. Si vous étiez *short stack*, la décision serait facile à prendre, vous feriez immédiatement *all-in*. Avec un *tapis moyen*, vous disposez de plusieurs solutions : vous pouvez *payer la relance* si votre adversaire est plutôt serré ou le *sur-relancer* si c'est un joueur plus large.

Vous avez une réelle possibilité de mettre la pression sur vos adversaires et même d'effrayer les *gros tapis*. Vous pouvez aussi vous contenter de *payer une relance* pour tester votre adversaire sur le *flop*. Vous disposez donc de beaucoup d'options de jeu, chose qui ne serait pas permis si vous étiez *short stack*. Cependant, lorsque vous atteignez cette zone délicate, vous ne pouvez plus vous permettre de jouer « conservateur ». Vous devez élargir votre jeu en jouant des mains plus faibles et les jouer agressivement.

Les petites paires servies deviennent en revanche moins intéressantes à jouer.

Pour finir, vous devez vous méfier si vous parlez avant des *petits tapis*. Dans ce cas, vous risquez la *relance à tapis* d'un joueur *short stake*. C'est toujours très désagréable d'offrir 4 *grosses blindes* à un joueur qui n'en avait plus qu'une douzaine. Renforcer un adversaire *short stake* est vraiment la dernière chose à faire. Non seulement vous le relancez dans la course, mais pire encore, vous lui redonnez confiance.

Big stack ou gros tapis, plus de 30 grosses blindes

Avec un *gros tapis*, vous jouissez de beaucoup de liberté et pouvez entreprendre de nombreuses choses. Tous les coups vous sont permis, du plus standard au plus loufoque.

Bref, vous pouvez jouer enfin au vrai poker ! Vous pouvez faire des mouvements que les *tapis moyens* et les *shorts stacks* ne peuvent suivre car vous ne craignez pas d'être éliminé en un coup. Avec un *gros tapis*, vous pouvez altérer la façon de penser de vos adversaires. Disons que vous avez un tapis de 100 *grosses blindes* et que votre adversaire a un tapis de 40 *grosses blindes*. Vous vous retrouvez tous les deux sur le *flop* et vous décidez de *miser les trois quart du pot* soit l'équivalent de 7 *grosses blindes*. Vous n'avez rien touché ? Peu importe, une mise de 7 *grosses blindes* ne représente certes pas une portion importante d'un tapis de 40 *grosses blindes*, mais la mise que vous pouvez faire sur le *turn* sera beaucoup plus importante et pourra influencer fortement votre adversaire en l'effrayant. Votre adversaire sait que s'il vous *paye sur le flop*, il devra faire face à une deuxième mise plus importante sur le *turn* et devra éventuellement investir le reste de ses jetons pour *suivre*.

Avec un *gros tapis*, vos *bluffs* ont de plus fortes chances de réussir. La *taille de votre tapis* a un impact positif pour vous car elle forcera souvent vos adversaires à prendre de gros risques en vous affrontant et peu de joueur sont prêts à prendre de tels risques, surtout lorsque l'on arrive à la *bulle*.

Vous ne rentabiliserez en revanche pas toujours vos bonnes mains avec un *très gros tapis* car vous faites peur à vos adversaires.

Lorsque vous êtes *grosse blinde* et que vous avez une montagne de jetons devant vous, il n'est pas rare de subir un *walk.* C'est très agréable quand on a 9-4 dépareillé mais ça l'est un tout petit peu moins quand vous touchez une pair d'As. Ne soyez pas trop déçu, je vous rappelle que vous dominez la table et que c'est le plus grand luxe du poker.

Le calcul du M

Paul Magriel, enseignant en mathématiques et célèbre joueur de poker et de backgammon, a clairement défini le concept du « M » : vous prenez le *montant de votre tapis* et le divisez par le *coût total des blindes et antes* pour un tour de table. Vous obtiendrez le nombre de tour de table qu'il vous reste à jouer avant d'être *« blindé à mort »*.
La notion du M intervient lorsque les *blindes* augmentent sensiblement, généralement à l'apparition des *antes*. Ce calcul vous aide à savoir où vous vous situez par rapport à cette inévitable et récurrente augmentation des *blindes.*

Cet indice vous permet de savoir combien il vous reste de tour de table avant qu'une *blinde* ne vous *envoie à tapis*.

Le M vous indique aussi la pression que les *blindes* exercent sur vous, ainsi que sur vos adversaires. La théorie du M offre un indice mathématique au joueur pour choisir ses actions en fonction de sa propre *profondeur de tapis* mais aussi en fonction du *tapis* des adversaires à la table.
En fonction de votre M, vous devez moduler votre façon de jouer. La règle générale est que plus votre M est bas, plus vous devez jouer agressivement.

Par exemple, vous avez 10 000 jetons devant vous. Les *blindes* sont de 200/400 et les *antes* sont à 40. Il y a dix joueurs à la table donc vous paierez 400 jetons d'*antes* par tour de mise (40 x 10). Chaque tour de mise vous coûtera donc 1 000 jetons (200 + 400 + 400 = 1 000).
10 000/1 000 = 10. *Votre M est égal à 10*.
Maintenant que nous avons calculé cet indice, il vous reste à l'utiliser à bon escient.

Votre M est supérieur 16

Cette zone est la plus confortable. Vous pouvez jouer n'importe quel style de jeu, conservateur, agressif ou super-agressif. Vous êtes en mesure de *relancer* et *sur-relancer* sans que cela ne vous place dans une situation critique en cas d'échec. Tous les *moves* vous sont permis !

Votre M se situe entre 8 et 16

Vous ne pouvez plus vous permettre de jouer conservateur. Vous devez élargir votre jeu en jouant des mains plus faibles et les jouer agressivement. Les petites paires servies deviennent alors moins intéressantes à jouer.

Votre M est inférieur à 8

Dans cette zone, vous perdez la possibilité de tous les *moves* nécessitant un *tapis* conséquent. Vous devez donc jouer encore plus agressivement. Attention si un joueur a déjà suivi avant vous, ou si plusieurs parlent après vous ! Faire *all-in* pour voler les *blindes* pourrait ne pas suffire à leur couper leur cote, et ils auraient alors raison de vous *coller*. Votre situation est critique et il faut donc tenter le tout pour le tout afin de rapidement *doubler votre tapis*. Votre seule solution est d'envoyer *all-in* avec une main correcte. Si vous misez moins, vous investissez une trop grosse partie de votre *tapis* et ne pourrez plus faire peur à vos adversaires car ils bénéficieraient d'une bonne cote, quoi qu'il arrive.

La position

Votre *position à la table* se réfère à votre position par rapport au donneur.
On ne le dira jamais assez, le poker est avant tout un *jeu de position*. Le joueur placé au *bouton* est le dernier à se prononcer tout au long des quatre tours d'enchères. Dès lors, il peut ajuster sa stratégie au regard des informations distillées par ses adversaires. Associée à une bonne sélection des mains de départ, une bonne gestion de la *position* est déterminante pour survivre lors d'un tournoi.

Avoir le maximum d'informations étant capital, la meilleure position est celle dite « *au bouton* ». Avoir la position sur les autres joueurs signifie parler après eux. C'est un avantage considérable puisqu'il permet de s'adapter aux indices que les adversaires révèlent sur la force de leurs mains.

Si vous avez la *position* sur un adversaire au *flop*, il doit agir avant vous. Vous obtenez des informations sur son jeu et vous pouvez jouer en conséquence. En effet, plus vous êtes proche du *bouton*, plus vous connaissez les décisions adverses. Vous êtes donc plus à même de prendre votre décision en toute connaissance de cause. Cela s'appelle « *avoir la position* ».

À l'inverse, la pire des *positions* est celle où vous êtes en *début de parole*, puisque vous parlez en premier et ne savez pas ce que vont faire vos adversaires. On dit aussi « *ne pas avoir la position* ». Vous êtes alors dans le brouillard total et seule une bonne main pourra être jouée dans de bonnes conditions. Réciproquement, votre adversaire *hors de position* ne dispose d'aucune information sur votre jeu.

Admettons qu'il *mise au flop* et que vous vous contentiez de *payer sa mise*. De quelles informations dispose-t-il sur votre jeu ? Et bien vous avez peut-être *sous-joué* un monstre ou vous avez peut-être prévu un grand *bluff* à la carte suivante. Peut-être avez-vous *payé* avec une bonne main ou êtes-vous *à tirage*. Bref, votre adversaire reste dans le flou, ce qui vous permet de le dominer. Si sa main est très forte, avec l'analyse de son style de jeu, vous le saurez très vite et le coup ne vous coûtera pas trop cher. Si votre adversaire *check* et que vous *misez en position*, votre adversaire ne peut pas savoir si vous misez avec un gros jeu ou si vous misez uniquement parce qu'il montrait de la faiblesse en ne misant pas. Encore une information incertaine qui le fera forcément douter et le mettra dans une situation très inconfortable.

Imaginons que vous *relanciez en position* avant le *flop* et qu'un adversaire paie votre relance. Le *flop* vient et il *check.*

Vous avez deux cœurs en main et deux cœurs au *flop* pour un *tirage couleur.* Vous pouvez choisir de miser dans le but de gagner le pot tout de suite... ou de faire parole afin de voir la carte suivante gratuitement.
Si vous ne rencontrez pas votre *flop* et que vous *misez*, il y a de fortes chances que votre adversaire *se couche* puisque vous avez annoncé une main forte en *relançant pré-flop* et que vous confirmez cette force en misant au *flop.*

Vous rentabiliserez plus facilement une bonne main *en position* qu'en étant *hors de position* car, ainsi que nous venons de le voir, il est plus facile de dissimuler la nature de sa main quand on a la *bonne position*.

En outre, vous disposez de plus d'informations sur la main de votre adversaire qu'il n'en dispose sur la vôtre. Il est donc plus facile de se faire *payer* lorsque l'on touche un tirage ou un brelan qu'en étant *hors de position*. Si votre opposant *mise*, c'est une véritable aubaine. Vous pouvez alors vous contenter de *coller* ou le *relancer*, c'est au choix.

À la *river*, si votre adversaire *check*, cela signifie souvent qu'il n'a pas un jeu énorme. Vous pourrez miser avec n'importe quelle main dans le but de le *bluffer*... à petites doses et à bon escient bien sûr. Par exemple, si vous avez constaté que votre adversaire a tendance à *sous-jouer* à la *river*, méfiance.

Jouez la majorité de vos mains avec l'avantage de la position. Vous prendrez de meilleures décisions et vous rentabiliserez davantage vos mains sans jamais vous retrouvez dans une situation inconfortable.

La position à la table

Maintenant que nous avons vu l'importance de jouer en étant bien placé, nous allons voir quelles mains sont jouables en fonction de la position à laquelle vous vous trouvez à la table.

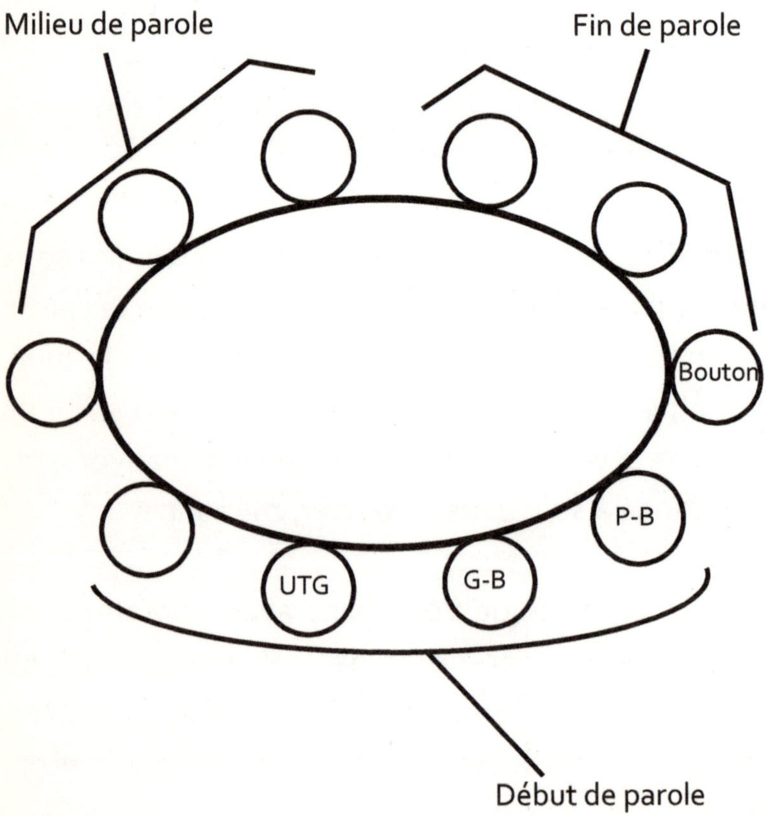

La sélection des mains de départ

C'est *avant le flop* que se prend la décision la plus importante au *No Limit Hold'Em* : devez-vous jouer les cartes qui vous ont été distribuées ? Partir du principe que vous n'allez *a priori* pas jouer les mains distribuées, sauf si vous avez une excellente raison de le faire, est un état d'esprit qui vous permettra de ne pas être frustré de ne pas jouer.
Dites-vous que vous restez dans le tournoi un tour de plus pendant que d'autres prennent le risque d'être éliminés.

La sélection des mains est la première leçon que doit maîtriser un joueur de poker. Non seulement c'est la première décision qui va influencer tout le reste du coup, mais c'est l'action la plus décisive du jeu puisqu'elle peut tout vous faire perdre. Soyez donc très sélectif et très rigoureux dans le choix de vos mains de départ.

L'idéal serait bien sûr d'avoir une liste pré-établie des mains à jouer ou à jeter, mais cela serait imbécile car de nombreux autres facteurs, positionnels, stratégiques, psychologiques, doivent être pris en compte pour votre décision finale. C'est d'ailleurs ce qui fait tout l'intérêt du poker !

En effet, la main que vous avez reçue n'est qu'un des nombreux élément à prendre en compte, auquel il faut ajouter d'autres informations que vous seul pourrez analyser.

Il faut considérer, notamment, l'*état d'esprit de la table*, la *taille des tapis*, votre *image à la table* et par-dessus tout, votre *position*. Ainsi, plus nous nous rapprocherons du *bouton*, plus nous pourrons ouvrir les enchères avec un large panel de mains.

Plus il y aura d'enchères avant que ce ne soit votre tour de parler, plus il vous faudra une main forte. En revanche s'il y a beaucoup de *limpers* (personnes qui ont suivi la *blinde*), vous pourrez *suivre* avec une main relativement faible pour profiter de la cote offerte.

Si personne n'a renchéri avant vous, vous pourrez élargir votre panel de main. Plus le nombre de joueurs est important, plus vous devez serrer votre jeu. À l'inverse, s'il y a moins de joueurs à la table, vous allez devoir payer de plus en plus de *blindes* (le *bouton* tournant alors plus vite autour de la table). Cette structure vous oblige donc à rentrer dans plus de coups.

Plus les adversaires seront serrés-agressifs, plus vous pourrez ouvrir avec une main faible, car ce genre d'adversaire couche la majeure partie de leurs mains.
Plus ils seront large-agressif, plus vous devrez ouvrir avec une main forte pour piéger ceux qui ne sélectionnent pas rigoureusement leur mains de départ.
Si nos adversaires sont passifs, nous pouvons toujours tenter d'aller voir le *flop* avec des mains marginales pour voir si vous touchez le *flop* car leur passivité vous permettra de voir la *turn* à moindre coût.

Une fois ce principe acquis, on peut raisonnablement proposer un tableau des mains à jouer, à condition que vous ayez une image de joueur serré-agressif et que les tapis de chaque joueur soit globalement similaire. La force intrinsèque de vos deux cartes dépend de trois facteurs : la *hauteur* de vos cartes, leur *couleur* (idéalement elles doivent être de la même couleur) et leur *proximité*. Plus deux cartes sont proches, plus leur potentiel d'amélioration est grand.

Rappel : il y a 169 mains de départ possibles au *Texas Hold'em* (As-Valet assortis à cœur et As-Valet assortis à pique étant considéré comme la même main).
UTG, vous ne devez jouer qu'une dizaine de mains soit à peu prêt 6 %. *En position intermédiaire*, vous jouerez environ 12 % des mains et *en position tardive*, environ 30 % des mains. Nous jouons donc en moyenne 20 % des mains toutes positions confondues soit environ 1 main sur 5. Si vous jouez plus de 3 mains sur 10, c'est qu'il faut resserrer un peu votre jeu pour perdurer pendant le tournoi.

Les joueurs débutants ont tendance à jouer large. En jouant ainsi vous allez voir votre *tapis* baisser régulièrement. Si vous vous limitez à environ 20 % des *flops*, vous vous retrouverez à jouer serré avec des bonnes espérances de gains.

Cette sélection de mains *pré-flop* n'est pas la seule possible, vous pouvez bien sûr jouer plus large si la table est très serrée mais je pense que c'est une bonne indication, tout du moins au début de la partie. À vous désormais de construire votre propre tactique *pré-flop*, sans oublier que l'adaptation aux différents paramètres de la table est un facteur important en vue de la réussite.

Les mains jouables en *début de parole* s'il y a déjà eu une *relance* :

Si personne n'a *relancé* avant vous, vous pouvez également jouer avec :

En *milieu de parole*, si vous êtes *relancé*, vous pouvez jouer toutes les mains que vous pouvez jouer en *début de parole* quand il n'y a pas eu de *relance*.
Si personne n'a *relancé*, vous pouvez également jouer avec :

Si vous êtes *relancé en fin de parole*, vous pouvez jouer toutes les mains jouables en *milieu de parole* quand il n'y a pas eu *relance*. Si personne n'a *relancé*, vous pouvez rajouter à votre panel de mains :

Bien entendu, la *relance* et la *sur-relance* ne sont pas les deux seules actions dans la panoplie du joueur. Vous pouvez aussi décider de *coller*. Vous le ferez en *bonne position* avec des mains spéculatives comme des *cartes connectées* (5-6) et avec de *petites paires* (paire de 4). Votre *tapis* doit être important et les *blindes* petites. De cette façon, le fait de *suivre* n'entame pas excessivement votre *tapis*.

Cette sélection peut paraître assez serrée au premier abord mais est plus relâchée concernant les *positions tardives*. Il y a une grande différence de stratégie entre la sélection des mains de départ selon les *positions*. Par exemple, As-10 *en position tardive* vaut aussi bien le coup que As-Dame assortis *« under the gun »*.

Les différents type de mains pré-flop

Les grosses mains

La meilleure main de départ est la paire d'As. Elle a 82 % de chances de gagner le coup *pré-flop* en face à face contre n'importe quelle autre main. Derrière se trouvent la paire de Rois et As-Roi. Ces mains sont très puissantes et lorsque vous possédez une de ces trois mains, vous partez probablement avec la meilleure main face à vos adversaires.

Certains joueurs considèrent même que As-Roi *assortis* est plus forte que la paire d'As grâce à son énorme potentiel d'amélioration.

Vous devez donc les jouer agressivement, c'est-à-dire en *relançant* et *sur-relançant* vos adversaires. Votre objectif est de réduire le nombre de joueurs qui vont voir le *flop* pour vous assurer les meilleures chances de gagner. En effet, une paire d'As est favorite à 82 % contre n'importe quelle main avant le *flop*, mais elle n'a plus que 31 % de chances de gagner lorsqu'elle est opposée à neuf mains aléatoires ! Il faut donc absolument *relancer* pour chasser vos adversaires et cela contribue à construire un gros pot avec le ou les quelques joueurs qui vous auront suivis.

Attention ! De grosses mains *pré-flop* peuvent rencontrer un *flop* catastrophique qui oblige à *coucher votre main*. Ne vous mariez jamais avec votre main. On ne compte plus le nombre de personnes éliminées des tournois avec paire d'As. C'est assez logique si l'on y réfléchit bien : de nombreux joueurs ne savent pas jeter une paire d'As, même lorsque le *flop* est catastrophique, et ils jouent leur main jusqu'au bout, quoi qu'il arrive. Ce n'est pas facile, mais il faut parfois savoir jeter deux As pour rester dans la partie.

Il faut aussi savoir jeter une paire de Rois mais c'est déjà plus facile, surtout si un As tombe sur le *flop*. Avec ce type de mains, vous devez gagner le coup assez vite et vous méfier des *tirages* (quinte et couleur) présents sur le *board*.

Les poubelles

On trouve dans cette catégorie toutes les autres mains. Valet-4, 9-2 ou encore 7-3 en font partie. Pourquoi ces mains sont-elles appelées de façon triviale des « *poubelles* » ? Tout simplement parce qu'elles sont si faibles que vous devez les jeter d'office ! En effet, elles présentent des chances de gain inférieures aux mains décrites plus haut, et peuvent vous coûter beaucoup d'argent quand vous formerez par extraordinaire une paire, car ce sera rarement la meilleure.

Ne vous laissez pas séduire non plus par un Roi avec un petit *kicker*, comme Roi-2 ou Roi-7 car si vous trouvez un roi sur le *board*, la faiblesse de votre *kicker* risque de vous faire perdre le coup. Alors oubliez ces mains et attendez de meilleures cartes avant d'engager des jetons dans le pot !

Petites paires servies

Sachons-le, les petites paires servies (2-2 ; 3-3 ; 4-4 ; 5-5 ; 6-6 ; 7-7 ; 8-8 ; 9-9 ; 10-10 voire même Valet-Valet) sont des mains rarement améliorées par le *flop*.

Inclure la paire de Valets dans les petites paires peut sembler excessif. Néanmoins, dans 56 % des cas, vous trouverez au *flop* au moins une carte supérieure au Valet. Si tel est le cas, et que quelqu'un a payé votre *relance pré-flop*, il y a de fortes chances que votre paire de Valets soit tout simplement bonne à jeter ; à moins que vous ne trouviez un brelan au *turn* ou à la *river*, mais c'est extrêmement rare.
En effet, la probabilité de toucher un brelan au *flop* n'est que d'un peu plus d'une chance sur huit, les chances de couleurs et de suites sont quant à elles inférieures à celles des mains composées de 2 cartes différentes. Toutes ces raisons font qu'il est indispensable de jouer ce genre de mains avec beaucoup de précaution. Vous ne devez pas engager trop d'argent avec de petites paires. Il faut à tout prix vous en débarrasser si vous sentez le moindre danger et cela automatiquement. Soit vous touchez votre brelan, soit vous jetez votre main sans regret. En contrepartie, votre brelan est une main très forte la plupart du temps, qui peut rapporter énormément et, surtout, qui est invisible.
Ex : Vous avez une paire de 7, flop : As-Valet-7
Il y a fort à parier que la personne qui a un As ou même As-Valet perde ici une bonne partie de son

tapis. Les petites paires servies sont dangereuses lorsque vous êtes en *début de parole* et il faut alors les jouer. Vous pouvez toutefois vous contenter de *limper* en début de parole si vos adversaires *relancent* assez peu.

En revanche, il faut *relancer*, voire *sur-relancer* lorsque vous êtes bien placé.
En *relançant avant le flop*, vous annoncez à vos adversaires une main forte et vous installez le doute dans leur esprit. Avez-vous une main très forte comme paire de Reines, de Rois ou même d'As ? Quoi qu'il en soit, vous prenez l'initiative, vous leur mettez la pression et prenez un avantage pour la suite du coup.

Parfois, tous vos adversaires ayant une main difficilement défendable (Valet-10 , As-7, etc.) se coucheront gentiment et vous empocherez les *blindes*.

Le plus souvent, seulement un joueur *paiera votre relance*. Là encore, c'est un avantage pour vous. Moins il y a de joueurs dans la partie, moins le *flop* risque d'améliorer leur main. En ayant annoncé une main forte *pré-flop en relançant*, il y a de grandes chances que votre unique adversaire *se couche* au *flop* si vous le *relancez* à nouveau.

Les petites paires se jouent, encore plus que les autres mains, en fonction de l'adversaire.

Avant d'aller voir le *flop*, anticipez d'ores et déjà la façon dont vous allez jouer votre petite paire. Le *flop* ne vous offrira que deux alternatives : vous touchez votre brelan et avez une main très forte ou vous ne le touchez pas et avez une main très faible, les tirages étant assez rares. Si vous ne rencontrez pas votre *flop*, il est alors très facile de sortir du coup sans perdre trop de jetons.
Si vous touchez votre brelan, vous avez l'avantage non négligeable de posséder un jeu *« sous-marin »*, c'est-à-dire que votre éventuel brelan passera inaperçu (si bien sûr, vous masquez vos émotions et jouez les *relances* convenablement).

Vous n'avez plus qu'à le rentabiliser au mieux en fonction de l'ambiance générale de table, de vos adversaires et surtout, en fonction du *flop*.

Les connecteurs assortis

On parle de *connecteurs assortis* quand les deux cartes que vous avez sont assorties et connectées. Ce sont des mains à potentiel : c'est-à-dire qu'elles sont moins fortes que les autres types de mains *pré-flop*. Elles peuvent cependant former une suite ou une couleur au *flop*, vous donnant alors une combinaison très puissante : le lance-pierre s'est soudain transformé en mitrailleuse.

Les *connecteurs assortis* sont des mains de *tirage*, ce qui signifie que vous n'avez pas un jeu fait comme dans le cas d'une paire servie. Vous aurez donc besoin de voir plusieurs cartes du *board* avant que votre tirage ne se concrétise.

Vous allez probablement *payer* plusieurs mises avant de voir apparaître une magnifique quinte ou une ribambelle de carreaux. Par conséquent, vous devez jouer ces mains dans des *pots non relancés*, ou s'il y a plusieurs joueurs dans le coup. Vous devez aussi avoir des cotes favorables pour vous engager dans la donne avec ce type de mains.

Autre point important, vous devez avoir une *bonne position*, c'est-à-dire être dans les derniers joueurs à parler. *En position tardive*, vous aurez plus de facilités à calculer vos cotes pour votre *tirage* et vous pourrez bien mieux rentabiliser votre main si vous touchez effectivement votre *tirage*. Toutes ces contraintes ajoutées aux faibles chances de réussir un *tirage* font que ce sont des mains délicates à jouer et qui coûtent cher si on n'arrive pas à les coucher.

Soyez donc prudent avec ces mains ! Prenez la température de la table. Une table plutôt passive vous permettra de voir si la chance est avec vous. En revanche, une table agressive pourrait vous bloquer par de *grosses relances* et votre curiosité pourrait alors vous coûter fort cher.

Ne vous engagez pas si vous avez peu de jetons. Vous ne pourriez pas *suivre les relances* sans finir par *engager votre tapis*. Contentez-vous de *coller* ou de *checker* si vous êtes au *bouton*, à moins que vous ayez une *consécutive haute*. Dans la plupart des cas, vous devez protéger vos *consécutives hautes* en ouvrant deux à trois fois la valeur de la *grosse blinde* pour limiter le nombre d'adversaires susceptibles de vous *suivre*.

Évitez de vous laisser emporter dans ce qui pourrait être une pêche au miracle au *turn*, puis à la *river*. Déçu de vos belles illusions, vous pourriez décider d'impressionner vos adversaires avec un franc *all-in*. Si vous êtes payé, tout est fini pour vous.

Les blindes

Si vous voulez devenir un bon joueur, il est fortement conseillé de prendre en compte tout l'aspect stratégique que représente les *blindes*.

Quand vous êtes à la *petite blinde* et que tout le monde s'est couché avant vous, il est de bon ton de tenter de voler la *grosse blinde* car il est rare que le joueur ait une main qui peut subir une *relance*. Ne le faites pas trop régulièrement ou vous serez démasqué et vos relances futures perdront en crédibilité mais n'oubliez jamais la théorie : « l'agresseur *pré-flop* gagne souvent le pot ».
Gardez à l'esprit que la *grosse blinde* a l'avantage de la position alors restez vigilant. Si jamais il vous fait une relance standard, vous devez le payer mais il est inutile de prendre des risques inconsidérés. Jetez votre main si elle ne s'améliore pas au *flop*.

Si la *grosse blinde* se contente de suivre votre *relance*, misez sur n'importe quel *flop* pour essayer de *voler le pot*. À ce moment du coup, il est indispensable de tenir compte de la réponse de votre adversaire. Ne vous enfermez pas dans un coup si vous êtes *payé* ou *relancé* parce qu'il y a de très fortes chances que votre adversaire ait rencontré son *flop*.

En position de *grosse blinde*, à moins d'avoir une main décente, évitez de *suivre* à chaque fois qu'une *relance* a lieu. Vous n'aurez pas la *position* sur votre assaillant et il a certainement une meilleure main que la vôtre. Si le joueur en position de *petite blinde relance*, jetez les mains faibles et *relancez* avec une main que vous aurez préalablement décidé de jouer. Si vous sentez que le joueur à la *petite blinde* essaye toujours de vous voler, *relancez*-le occasionnellement quand vous n'avez rien en main afin de lui montrer qu'il ne peut pas simplement se contenter de voler vos jetons aussi facilement.

La stratégie des *blindes* est assez subtile. Elle dépend énormément de vos adversaires et votre situation à la table.

Voler les blindes

Si vous avez le sentiment d'être systématiquement en mode survie avec votre *short stack* à l'approche de la *bulle*, en priant à chaque seconde de réussir à atteindre les places payées pour finalement jouer comme un kamikaze en tentant le tout pour le tout, alors ce chapitre est fait pour vous.

Le *vol des blindes* est l'action stratégique qui vous permettra de renforcer progressivement votre *tapis* sans prendre trop de risque. Rappelez-vous qu'en étant au *bouton*, vous avez l'avantage de la *position* et qu'il devient très compliqué pour vos adversaires de vous suivre, à moins qu'ils aient une très bonne main.
Vous devez prendre conscience que le *vol des blindes* est un sport auquel s'adonnent tous les bons joueurs de tournoi.

Cela consiste, lorsque vous êtes au *bouton*, à *relancer* vos adversaires alors que vous n'avez qu'une main très moyenne et ce, dans le but de leur faire jeter leurs cartes pour remporter les *blindes*. N'oubliez pas que le vol de *blindes* est considéré comme un *bluff*. Cette action doit donc être réalisée avec prudence et parcimonie. Pour qu'un vol de *blindes* réussisse, il faut réunir certaines conditions. Tout d'abord, il faut être en *fin de parole*, idéalement au *bouton*. Ensuite, il est essentiel que personne n'ait ni *suivi* ni *relancé* la *grosse blinde* avant vous. Si tel est le cas, ne tentez surtout pas de *voler les blindes* car cela pourrait vous coûter très cher.

Enfin, vous devez disposer d'une main qui peut connaître une amélioration tangible au *flop*. Un vol réussi, c'est un tour de donne financé ! Le vol des *blindes* est donc très utile en fin de tournoi, pour ne pas dire indispensable car cela vous assure des jetons gratuits et vous permet de survivre à la table en attendant une bonne main, ce qui représente un vrai luxe. Dès que les *blindes* commencent à être un peu élevées, et qui plus est lorsque les *antes* font leur apparition, il devient indispensable de voler quand c'est possible les *blindes*. N'en doutez pas, c'est cette action stratégique qui fait souvent la différence en tournoi.

Si vous décidez de voler les *blindes*, il faut que votre *relance* fasse peur aux autres joueurs, donc allez-y franchement, sinon vous serez *suivi*. Je vous conseille de *miser* entre 3,5 et 4 fois la *grosse blinde*. Ne volez pas les *blindes* à chaque fois que vous êtes au *bouton*, car tôt ou tard, vous trouverez des joueurs qui ont du jeu et qui anéantiront votre tentative de *bluff*. Il faut aussi observer les joueurs et ne *relancer* que des joueurs qui jouent serré. Évitez de *relancer* trop souvent un joueur qui défend coûte que coûte ses *blindes*.

Pour optimiser vos chances, l'idéal serait qu'il ne reste que trois joueurs dans le coup. Si vous êtes suivi et que vos deux adversaires *checkent* au *flop*, vous devez impérativement miser fort. Cette mise confirme à vos opposants que vous avez réellement une bonne main. Souvent, cela suffit à faire *coucher* même les plus curieux qui ne peuvent s'empêcher de voir le *flop*. Ne commettez pas l'erreur de *checker* car vous redonneriez l'avantage à votre adversaire qui ne croira plus à votre *bluff*. Le *vol de blindes* doit, bien entendu, être amplifié au moment de la *bulle*, lorsque les joueurs à la table resserrent leur jeu pour atteindre les places payées.

En revanche, *relancer des gros tapis* est dangereux, car les riches ont les moyens de *suivre* même s'ils ont un petit jeu ou un jeu moyen : ce coup ne représentera que 2 ou 3 % de leur *tapis*.

Si vous avez été payé et que votre adversaire vous fait un *check-raise* au *flop*, méfiance, il est sans doute en train de *sous-jouer* une grosse main et il est peut-être temps d'arrêter les frais. Si votre adversaire ouvre, *relancez*-le sauf si vous avez un *tirage* quinte ou couleur, dans ce cas, contentez-vous de *payer sa relance*. Si vous décidez de *relancer*, il *passera* dans la plupart des cas sauf s'il a une très grosse main. Le *vol de blindes* implique donc une attitude agressive au moment du *flop*.

Le faux vol des blindes

Vous êtes en *fin de parole* et vous possédez une main du trio infernal (paire d'As, de Rois ou As-Roi). Si vous savez que les *blindeurs* ne lâchent pas facilement leurs *blindes*, *relancez* fortement : ils prendront cette relance pour une tentative de *vol de blindes*. Avec un peu de chance, ils vont vous *sur-relancer*.

Dans ce cas c'est une aubaine, il ne vous reste plus qu'à *envoyer votre tapis*.

Toutes les notions décrites dans ce chapitre s'appliquent seulement à un stade avancé du tournoi. Au début du tournoi, il n'est pas obligatoire de *défendre vos blindes* ou de les *voler*. Il est souvent plus profitable de se contenter d'attendre une main forte, surtout en début de partie. Les *blindes* ne vous oppressent pas, vous pouvez être patient et sélectionner rigoureusement vos mains.

Isoler un adversaire

Tout d'abord, cette action stratégique ne peut s'effectuer que si vous avez touché une grosse main. Si un joueur relance *pré-flop*, vous allez le *sur-relancer* afin de vous retrouver en tête à tête avec lui.

Nous avons vu précédemment que moins il y a de joueurs qui participent à l'action, plus vous avez de chance de remporter le coup. Si vous possédez une paire moyenne, c'est également un bon moyen de la protéger car ce genre de main s'affaiblit considérablement lorsqu'il y a trop de joueurs dans le coup.

Vous vous retrouvez alors face au joueur que vous avez isolé. L'idéal est d'isoler un joueur sur qui vous avez un ascendant psychologique, soit parce que vous le sentez fébrile, soit parce que vous parvenez à lire en lui comme dans un livre ouvert.

En *sur-relancant* la première mise, vous dissuadez les autres joueurs de participer au coup, même s'ils ont une bonne main. Si vous avez par exemple As-Valet et que vous *sur-relancez*, il y a de fortes chances que les adversaires qui ont une paire de 9 ou même As-Dame jettent leurs cartes en pensant que vous avez une des mains du trio infernal. Une preuve de plus, s'il était encore utile de le prouver, que jouer de façon agressive vous évitera de nombreuses déconvenues.

Cette action peut également permettre d'arracher le pot immédiatement si le joueur qui a *relancé* en premier n'est pas prêt à subir votre *relance*.

Le flop et ses probabilités

Une paire servie devient un brelan : 12 %.
Une paire servie devient un full : 0,75 %.
Une paire servie deviet un carré : 0,25 %.
Vous touchez votre couleur au flop : 1 %.
Vous touchez un tirage couleur : 10 %.
Dans 55 % des cas, le flop est bi-colore.
Dans 40 % des cas, le flop est tricolore.
Dans 5 % des cas, le flop n'a qu'une couleur.

Les duels au flop

98/2

85/15

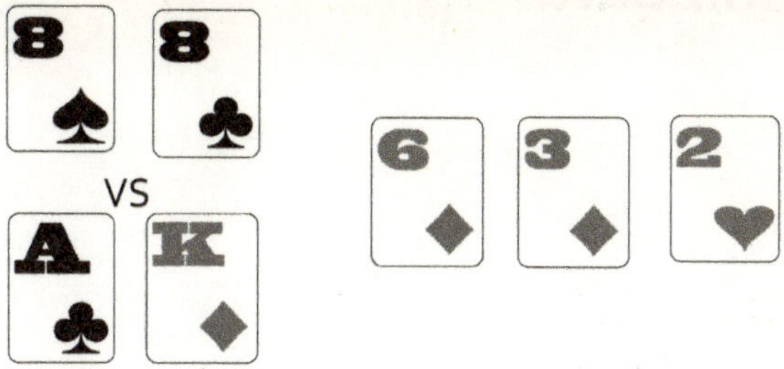

75/25

75/25

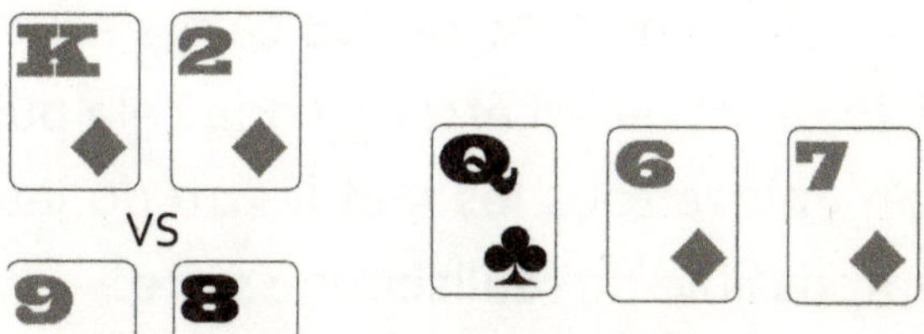

70/30

(Quinte VS flush)

65/35

Analyse du board

Le *flop* est clairement un moment décisif. Il représente 43 % des sept cartes en votre possession lors d'un coup et joue un rôle prépondérant pour l'avenir de votre main.

Les 5 et les 10 sont les clés de toute suite. Aucune suite n'est possible sans l'une de ces cartes en main ou au *board*. En effet, aussi étrange que cela puisse paraître, si on enlève tous les 5 et les 10 du jeu de carte, il est impossible de réaliser une suite.

Par conséquent, la présence des 5 et/ou des 10 au *flop* augmente considérablement vos chances et celles de vos adversaires de concrétiser l'espoir de toucher une suite. On peut d'ailleurs dire que Valet-9 est moins fort que 10-9 car ces cartes sont *connectées* et que le 10 donne une possibilité de quinte.

Vous constaterez aussi que s'il y a un As sur le *board* et aucune paire, il y a obligatoirement un tirage quinte possible. Combinée avec les trois premières *cartes communes*, la valeur d'une main peut varier considérablement.

Une bonne main de départ peut rapidement perdre une grande partie de son potentiel sur un *flop* défavorable. À l'inverse, des mains jusqu'alors médiocres peuvent se transformer en horribles monstres prédateurs. Il est essentiel de développer votre capacité à évaluer rapidement la façon dont le *flop* s'accorde avec votre main, mais aussi avec les mains envisageables chez l'adversaire. Or cette faculté repose grandement sur le processus d'analyse de la texture du *flop*.

On distingue deux critères principaux permettant d'évaluer la texture des cartes communes : la manière dont elles sont *assorties et connectées* et la *hauteur* des cartes. Vous devez immédiatement connaître la *couleur* des cartes et leur *proximité* entre elles. Demandez-vous toujours s'il y a des possibilités de tirages quinte ou couleur. S'il y a une paire sur le *flop*, méfiance, le full n'est jamais loin.

Les joueurs aiment bien jouer les cartes hautes. Plus il y a des cartes hautes sur le tableau, plus les chances sont grandes que quelqu'un ait touché quelque chose.
Vous devrez tout d'abord classifier le *flop* selon son *caractère assorti* et son *caractère connecté*. Viennent ensuite la hauteur des cartes du *flop*, ainsi que l'éventuelle présence d'une paire.

Un *flop* avec deux ou trois cartes de même couleur a une meilleure texture, car la couleur est alors possible. *A contrario*, un *flop* avec trois couleurs différentes possède une mauvaise texture.

Exemple

Vous avez :

Le *flop* tombe:

Malgré la paire *flopée*, c'est un *flop* catastrophique car vous êtes battu par de très nombreuses mains :

– Suite (Roi-Dame, Dame-8, 8-7).
– Paire supérieure (As-As).
– Paire supérieure plus tirage quinte (Roi-Roi, Reine-Reine).
– Brelan (Valet-Valet, 10-10, 9-9).
– Deux paires (Valet-10, 10-9, Valet-9).
– Paire plus tirage quinte (Roi-Valet, Dame-Valet, Valet-8, Roi-10, Reine-10, 10-8, Roi-9, Reine-9, 9-8, 8-8, 7-7).
– Tirage couleur (avec deux cœurs).
– Paire plus tirage couleur (As-Valet de cœur, Roi-Valet de cœur, Dame-Valet de cœur).
– Une paire, *kicker* max (As-10, As-J, As-9).

Si le *flop* est :

Il n'y a que très peu de mains qui peuvent être victorieuses avec ce *flop* :

– Une *overpair* (As-As, Roi-Roi, Reine-Reine).
– Brelan (Valet-Valet, 7-7, 3-3) .
– Une paire (As-Valet, Roi-Valet, Reine-Valet, As- 7).
– Deux paires (Reine-7, Reine-2, 7-2).

À noter que ces mains auront sûrement été couchées au préalable. Avec aucun tirage couleur ou quinte, il y a très peu de mains qui peuvent trouver un intérêt à ce *flop*. Comparez cette liste avec la précédente et vous verrez la différence.

L'analyse de la texture du *board* est primordiale avant de prendre la moindre décision au *flop*. Une erreur d'inattention peut vous faire perdre beaucoup, surtout si vous avez la deuxième meilleure main.

Calcul des outs et cote du pot

Nous allons maintenant évoquer la notion qui ancrera définitivement votre jeu sur le long terme.

Vous avez:

Le *flop* donne :

Bon, ce n'est pas réellement ce qu'on pourrait appeler « rencontrer son *flop* ». Cependant, tout n'est pas perdu !

Si jamais un cinquième pique tombe au *turn*, vous aurez alors les *nuts*, et la couleur max grâce à votre As de pique.

Vous allez quand même me dire qu'il faut prendre votre As en compte si vous ne touchez pas votre couleur. C'est parfois vrai, surtout si votre opposant du moment est un joueur large.
Mais au *flop*, le nombre de mains potentielles de votre adversaire est encore élevé. Il faut donc réduire le nombre de vos *outs* à ceux qui amélioreront suffisamment votre main pour que vous remportiez le coup.

L'information selon laquelle votre opposant est un joueur serré est important dans cette situation, car comme nous l'avons vu, vous ne toucherez votre couleur qu'une fois sur trois. Souvenez vous que l'on est jamais trop prudent au poker et que de l'argent économisé vaut tout aussi cher que l'argent gagné.

Nous partons donc du principe qu'il n'y a qu'un pique pour nous faire remporter le coup. Il y a 13 cartes de chaque couleur. Vous avez deux cœurs en main et il y a deux cœurs sur le flop. 13 – 4 = 9. Il vous reste donc 9 cartes pour vous faire gagner.

– Deux cartes supérieures : 6 *outs.*
– Une paire servie : 2 *outs.*
– Un tirage quinte par les deux bouts : 8 *outs.*

– Un tirage quinte par le ventre : 4 *outs.*
– Un tirage couleur : 9 *outs.*
– Un tirage quinte par les deux bouts et un tirage couleur : 15 *outs* (9 + 8 = 17 mais l'on enlève les deux cartes qui forment à la fois la quinte et la couleur).

Exemple

Vous avez :

Le flop donne :

Le 9 de cœur et l'As de cœur ne peuvent pas former une quinte car ils vous donnent une couleur.
Ces chiffres, vous devez les connaître par cœur car vous les rencontrerez très souvent.

À partir de 14 *outs*, vous êtes favori du coup. Vous avez donc intérêt à suivre n'importe quelle *relance*, ou presque. Cela dépend bien sûr de votre situation générale à la table. Attention ! Si vous êtes sur un tirage quinte par les deux bouts et que vous soupçonnez votre adversaire d'être sur un tirage couleur, vous n'avez plus que 6 *outs*.

Exemple

Vous avez :

Le flop donne :

Le 6 et le Valet de trèfle vous assurent une quinte mais donnent aussi une couleur à votre adversaire. Tout ça c'est bien joli me direz-vous, mais comment le traduire en termes de probabilité ? C'est ce que nous expliquons maintenant.

Calculons la probabilité d'améliorer votre jeu avec 9 *outs*. Pour obtenir cette probabilité, il faut diviser le nombre d'*outs* par le nombre de cartes que l'on ne connaît pas (le reste des cartes du paquet ainsi que les cartes des adversaires).

Une fois au *flop*, on sait qu'il reste 47 cartes en jeu (52 cartes de départ moins les 3 du *flop* et les 2 cartes que vous tenez en main). La probabilité d'améliorer votre jeu au *turn* est donc de 9/47 soit 19 %, et la probabilité d'améliorer votre jeu à la *river* est de 9/46 soit 19,5 %.

Il existe une méthode simple pour calculer une valeur approchée de la probabilité de toucher un de vos *outs*. Il suffit de multiplier le nombre d'*outs* par 4 si vous avez 2 cartes à tirer (*turn* + *river*) ou par 2 si vous avez une seule carte à tirer (*turn* ou *river*).

Avec 9 *outs* :
– la probabilité de toucher sa couleur au *turn* est de : 9 x 2 = 18 %.
– la probabilité de toucher sa couleur au *turn* + *river* : 9 x 4 = 36 %.

Cette méthode est facile à appliquer mais n'est pas toujours précise. Le tableau ci-dessous vous donne les chiffres exacts des probabilités d'amélioration après le *flop* en fonction du nombre d'*outs*.

nombre d'outs	% turn	% turn + river
15 (couleur + suite)	33 %	54 %
14	30 %	51 %
13	28 %	48 %
12	26 %	45 %
11	24 %	42 %
10	22 %	38 %
9 (tirage couleur)	20 %	35 %
8 (tirage quinte)	17 %	32 %
7	15 %	28 %
6	13 %	24 %
5	11 %	20 %
4 (deux paires)	9 %	17 %

Lorsque vous avez pris connaissances de cette notion, vous devrez alors maîtriser un autre principe fondamental du poker : la mise en relation de la cote du pot avec la cote d'amélioration.

Calcul de la cote du pot

Pour savoir si vous devez miser ou non, vous devez comparer la cote du pot à la cote d'amélioration. Lorsque la cote du pot est supérieure à la cote d'amélioration, alors il est rentable de payer.
C'est en maîtrisant ce principe que vous prendrez les décisions les plus cohérentes sur les sommes à engager et que vous serez gagnant sur le long terme.

La cote du pot est le rapport entre le montant du pot et le montant à investir pour suivre.
Cote du pot = (Montant du pot/Montant à investir)

À titre d'exemple, si le pot est de 75 euros et que vous devez miser 25 euros pour suivre, la cote du pot est de 75 contre 25, soit 3 contre 1.

Calcul de la cote d'amélioration

La cote d'amélioration est la probabilité qu'a votre main de s'améliorer à chaque étape du coup. Plus la cote d'amélioration est faible, plus vos chances de tirer vos cartes sont grandes.

Cote d'amélioration = (Nombre de carte qui vous font perdre/Nombre de carte qui vous font gagner).

Par exemple, avec un tirage couleur à carreau : il y a 9 cartes qui vous font gagner.
Nombre de cartes qui vous font perdre :
52 cartes du jeu – 9 carreaux – 5 cartes déjà connues = 38 cartes.
Votre cote d'amélioration est donc de 38 contre 9, soit 4 contre 1.

Étant donné que la cote du pot est de 3 contre 1 et que celle-ci est inférieure à la cote d'amélioration qui est de 4 contre 1, votre intérêt est de ne pas payer votre adversaire.

En revanche, avec un tirage couleur à cœurs + tirage quinte par les deux bouts : vous avez 15 cartes pour remporter le coup.
Nombre de cartes qui vous font perdre :
52 cartes du jeu – 15 outs – les 5 cartes déjà connues = 32 cartes.
Votre cote d'amélioration est donc de 32 contre 15, soit 2,25 contre 1.

Étant donné que la cote du pot est de 3 et que celle-ci s'avère supérieure à la cote d'amélioration qui est de 2,5, votre intérêt est de payer votre adversaire.

L'espérance de gain

Cette analyse est cependant à relativiser car pour être le plus perspicace possible, il est également possible de prendre en compte la notion d'espérance de gain. L'espérance de gain correspond aux sommes que l'on pense gagner si l'on touche son tirage. Cette somme est à rajouter dans la valeur du pot pour le calcul de la cote financière.

Le blocking bet

Pour conserver une bonne cote lorsque vous êtes à tirage, il existe ce que l'on appelle le *blocking bet.*

Le *blocking bet* permet lorsqu'il fonctionne de choisir soi-même le montant à payer pour continuer le coup. Le *blocking bet* (« mise bloquante » ou « de blocage ») est une mise modérée qui permet de rester dans un coup à moindre prix. Elle vous permet de voir une carte ou bien le *showdown* à moindre frais tout en empêchant votre adversaire de vous *relancer*.

C'est donc un coup de défense qui ne fera pas peur à votre adversaire.
Cependant, la plupart du temps, cela l'empêchera de vous *relancer*. Il se contentera de *payer* et vous

permettra ainsi de choisir vous-même le coût du *showdown*.

Le *blocking bet* peut être réalisé au *flop*, au *turn* ou bien à la *river* et se fait exclusivement *hors de position*.

Le continuation bet

Le *continuation bet* est un coup technique important que chaque joueur de poker devrait posséder dans son arsenal.
Malgré son apparente simplicité, il requiert un certain nombre de conditions pour être utilisé efficacement.

Le *continuation bet* (ou « mise de continuation ») est un coup qui consiste à *miser au flop* lorsqu'on a été le dernier relanceur *pré-flop*. Après avoir affiché un jeu fort *pré-flop*, le joueur continue son attaque au *flop* en misant à nouveau même s'il n'a rien touché et part en chaussettes à la bataille.
Le *continuation bet* est un coup très important au *No Limit Hold'Em*. Efficace et peu coûteux, il est utilisé par la majorité des joueurs et constitue le coup de base de tout joueur de poker qui se respecte.

Quand vous effectuez une *mise de continuation*, votre premier objectif est de gagner le pot au *flop*, sans contestation.

Votre deuxième objectif est de minimiser vos pertes quand votre *continuation bet* échoue. Différents facteurs sont à prendre en compte avant de mettre en place un *continuation bet.*

Le nombre d'adversaires
Un *continuation bet* est un *bluff*. Par conséquent, moins vous aurez d'adversaires, plus vous aurez de chances de le réussir. Avec trop de joueurs impliqués dans le coup, le risque qu'un ou deux adversaires ait trouvé une paire, un tirage ou possède un petit quelque chose devient trop grand. Le *continuation bet* échoue souvent dans ce cas.

Avoir un seul adversaire au *flop* est idéal pour effectuer un *continuation bet*. En effet, un joueur qui a deux cartes non reliées (exemple : Roi-Reine ou Valet-8) ne formera une paire ou mieux au *flop* que dans environ 33 % des cas.
Donc, deux fois sur trois au *flop*, votre adversaire aura l'équivalent de rien du tout !

Voilà pourquoi il est primordial de réduire le nombre de vos adversaires *pré-flop* en relançant pour n'affronter que le minimum d'adversaires au *flop.*

Avec deux adversaires, le *continuation bet* peut encore être tenté, mais s'avère plus risqué.

Contre trois adversaires, le *continuation bet* n'est plus conseillé, car il est fort probable que l'un d'entre eux ait trouvé quelque chose : il va payer.

Votre image à la table

Le *continuation bet* se pratique en fonction de l'image que vous avez à la table.

Si vous avez l'image d'un joueur serré, le *continuation bet* doit être utiliser pour arracher le coup. Votre *bluff* a de grandes chances de réussir. Si vous avez l'image d'un joueur large, préférez le *continuation bet* lorsque vous touchez un monstre. Vos adversaires penseront que vous êtes en plein *bluff* et perdrons beaucoup d'argent.
Plus vous parviendrez à varier votre jeu, plus le *continuation bet* sera dévastateur pour vos opposants.

Le profil de l'adversaire

Le joueur serré-passif

Ce type de joueur se couche sur environ 70-80 % des *continuation bets*. Le *continuation bet* est donc une arme très efficace contre ce type de joueur.

Le serré-agressif

Face à l'archétype du bon joueur de poker, finassez votre *continuation bet*. En général, ce joueur *relance* ou *paye* votre main. Il faut donc que vous utilisiez le *continuation bet* lorsque votre main peut potentiellement s'améliorer. N'utilisez pas cette technique trop souvent car ce type de joueur vous repèrera très vite et saura vous mettre en difficulté.

Le joueur large-passif

Par définition, il est impossible de faire *folder* un joueur qui paie n'importe quelle *relance*. Pour faire des bénéfices face à ce type de joueur, il convient de pratiquer le *continuation bet* dès que vous avez une main. Sinon abstenez-vous.

Le joueur large-agressif

Ce type de joueur ne se laissera jamais intimider par un *continuation bet*. Il y a de très forte chance qu'il vous *sur-relance*, quoi qu'il arrive. Jouez uniquement les grosses mains et faites lui payer cher son manque de discernement.

La taille des mises

Pour réussir un *continuation bet*, la taille de votre mise a son importance. Tout d'abord *ne misez pas trop petit* : une mise d'un quart ou d'un tiers du pot laissera de bonnes cotes à votre adversaire qui vous suivra avec n'importe quel tirage valable. Il est généralement admis qu'une bonne *mise de continuation* se situe entre un demi et deux tiers de la taille du pot…

Pour que votre *continuation bet* soit rentable, vous devez le réussir au moins dans 33 % des cas avec une mise de la moitié du pot et au moins 40 % des fois avec une mise de deux tiers du pot.
Sachant qu'un joueur ne trouve une paire ou mieux que dans 33 % des cas, c'est un coup qui fonctionne très souvent et qui s'avère rentable, sans prendre trop de risques en termes d'argent.

Si vous misez un montant trop petit ou trop grand par rapport à votre mise habituelle, vos adversaires vont s'en rendre compte. Vous serez alors lisible et ne pourrez plus réussir vos *mises de continuation* aussi aisément.

La position

La *position* n'est pas le facteur essentiel pour réussir un *continuation bet* mais elle a son importance. *Hors position*, miser en premier vous permet de garder l'initiative et de mettre la pression sur votre adversaire. *En position*, vous obtenez une information si votre adversaire affiche une faiblesse en *checkant*. Un *continuation bet* est alors plus que recommandé car il vous fera remporter le pot très souvent, et surtout très facilement.

Il faut noter qu'aux moyennes et hautes limites, pratiquement tous les joueurs connaissent ce coup et savent comment le contrer. Par conséquent, il ne faut pas abuser du *continuation bet*, surtout si le *flop* présente un danger.

Cette technique de contre s'appelle le *floating* (flottement).

Le floating

Aujourd'hui, l'immense majorité des joueurs ayant pris l'initiative *pré-flop* effectue le plus souvent une *mise de continuation au flop*, qu'ils aient ou non une main légitime.
Il faut donc s'adapter et se donner toutes les chances possibles de remporter un pot en contrant ces *continuation bets* devenus trop systématiques. Pour cela le *floating* est une arme qui s'est largement démocratisée et qu'il convient de maîtriser.

Le *floating* peut s'apparenter à un *bluff* à retardement puisqu'il se réalise en deux temps. Tout d'abord, vous *suivez la mise* adverse au *flop* en soupçonnant une faiblesse, ceci dans le but de lui arracher le coup au *turn* dans un second temps. Bien souvent, face aux joueurs peu aguerris, cette technique s'avère très rentable.

Elle permet de ne pas abandonner un pot à chaque fois que l'on ne rencontre pas le *flop*, en s'appuyant sur le fait que notre adversaire, lui non plus, ne le rencontrera pas souvent. Dans cette optique, le *floating* présente plusieurs avantages.

Tout d'abord, sur une grande majorité de *flop*, vous ne dévoilerez en aucun cas la nature et la force de votre main. Se contenter de suivre un *continuation bet* peut représenter tout autant un tirage, une main de force moyenne ou bien encore un monstre *sous-joué*, la décision de votre adversaire au *turn* n'en sera que plus délicate. Il risque de *checker* et vous offrira une carte gratuite pour un éventuel tirage.

Le *floating* étant un *bluff* par définition, vous n'avez aucune raison de faire grossir le pot. *Relancer* ici serait contre-productif et vous forcerait à jouer un gros pot avec des cartes « bancales ». *Bluffer* en limitant les risques est préférable dans ce genre de situation.
Le *floating* permet aussi de s'appuyer par la suite sur une éventuelle carte inquiétante (un tirage quinte, un As, etc.) sur le *turn* pour arracher le coup.

Je fais ici une petite parenthèse pour vous parler de l'*acting*. Gardez toujours à l'esprit que vous devez jouer un rôle à la table afin de « raconter » à vos adversaires l'histoire qui vous arrange en fonction de votre main. Vos talents de comédiens vont être mis à rude épreuve, soyez prêt.

Conditions de mise en œuvre du floating

Comme presque toujours, la *position* joue ici aussi un rôle primordial.

Votre *bluff* est largement facilité lorsque vous vous exprimez après votre adversaire car vous le mettez dans une situation très inconfortable.

De plus, le *floating* s'utilise prioritairement en tête à tête au *flop*. Je vous rappelle qu'un *bluff* fonctionnera plus aisément au cours d'une main engageant peu de joueurs.

Ensuite il convient de bien cibler votre « victime ». Privilégiez en premier lieu les joueurs conservateurs prenant peu de risques. S'ils sont peut-être capables de miser en *bluff au flop*, ils auront toutefois du mal à poursuivre leur action au *turn*.

Les joueurs adeptes du style serré-agressif sont des cibles intéressantes car ils détestent voir un adversaire s'accrocher quand ils n'ont pas une main de premier choix.

La *taille de votre tapis* doit aussi être prise en compte. Vous devez en effet disposer d'un minimum de profondeur pour que ce genre d'action ne vous ruine pas.

Enfin, faites attention à la nature du *flop*. Inutile de tenter un *floating* quand un adversaire a de grandes chances d'avoir rencontré son *flop*. Choisissez plutôt des situations où les *flops* sont anodins à première vue, ou au contraire quand ils présentent de nombreux tirages. En effet dans ce dernier cas de figure, un *flop* effrayant peut refroidir votre adversaire. De plus, vous aurez la possibilité de bénéficier de nombreuses cartes dangereuses au *turn* pour appuyer votre *bluff*.

Il semble évident qu'il ne faut pas rentrer dans un style trop systématique. Ne tentez pas non plus de *floater* tout le temps et soignez votre image. Cela ne rendra que plus plausibles vos actions futures.

La double paire

La double paire est une main qu'il faut protéger au *flop*. Les joueurs adorent quand ils touchent une double paire sur le *flop* car ils savent qu'ils sont dans une très bonne position pour remporter le coup. Mais souvent, une double paire n'est pas aussi puissante qu'elle en a l'air. C'est particulièrement vrai quand vous avez une double paire composée des deux cartes les plus faibles du *board* ou une double paire avec la top paire et la paire la plus faible. Ces mains paraissent très fortes sur le *flop*, mais sont souvent très vulnérables.

Exemple

Vous avez:

Le *flop* donne:

Dans bon nombre de situations, votre adversaire sera sur un tirage et aura alors de nombreux *outs* pour lui faire remporter le coup.

Il est préférable de gagner un peu moins d'argent en étant sûr de remporter le coup que risquer de tout perdre à cause d'un excès de confiance.
La meilleure façon de jouer est de *relancer* votre adversaire, qui va devoir faire face à une décision difficile. Beaucoup de joueurs *sur-jouent* leur top paire, et vont soit *suivre* soit *relancer à tapis*. Cela vous donne une chance de jouer un énorme pot en étant largement favori.

Parfois, vous vous retrouverez face à une meilleure double paire ou à un brelan. Quand cela arrive, vous êtes pour ainsi dire perdu : vous allez probablement perdre votre tapis dans la plupart des situations comme celles-là. Lorsque vous avez touché une paire de Rois et que votre voisin à une paire d'As, vous n'êtes pas réellement responsable de votre élimination. C'est surtout à ce moment que la chance intervient au poker. Tout dépend alors des risques que vous êtes prêt à prendre pour rentabiliser votre main.

Plus vous jouez agressif, plus vous gagnez gros et plus vous risquerez de tout perdre.

Quand vous avez une double paire, jouez-la agressivement et misez sur le *flop*. C'est la meilleure façon de rentabiliser cette forte main qui reste malgré tout vulnérable.

Le turn

Le *turn* est la phase de jeu où il est parfois délicat de prendre une décision. C'est un moment décisif où l'adrénaline monte en flèche. *Miser*, *se coucher*, *relancer* ou *sur-relancer*, tout dépend du nombre d'adversaires encore présents dans le coup, de leur style de jeu, de l'historique du coup et bien sûr, de ce que vous avez en main.

C'est malheureux mais la plupart du temps, le *turn* ne vous aidera pas et il n'y a rien de plus coûteux que de *payer des mises* alors que l'on n'a plus aucune chance de remporter le coup. Au *No Limit Hold'Em*, il est très facile de vider votre tapis une mise à la fois. C'est exactement ce que font les joueurs débutants en *payant les mises* adverses les unes après les autres. Bien que *suivre* une seule mise puisse paraître insignifiant, le tout mis bout à bout peut vous ruiner en moins de temps qu'il n'en faut pour le dire.

Si le *turn* ne vous a pas aidé et qu'un de vos adversaires misent, non seulement le montant de la mise est plus élevé, mais le nombre de tours d'enchères futures a diminué.
Il ne vous reste plus qu'une carte, la *river*, pour vous tirer d'affaire. Si le *turn* apporte une paire sur le *board*, vous avez encore moins d'opportunités de battre vos adversaires si vous complétez votre main. De plus, plusieurs d'entre eux vont probablement se coucher sur le *turn*, vous laissant avec moins d'adversaires dans le coup.

Vous perdriez alors votre cote et seriez contraint de jeter votre main.

Attention ! Ce n'est pas parce que le *turn* n'améliore pas votre main qu'il améliore forcément celle des autres. C'est même rarement le cas. Si vous avez une bonne main au *flop*, vous devriez jouer agressif au *turn* pour ne surtout pas laisser une carte gratuite à vos opposants : ils risqueraient d'améliorer leur main à la *river* et de vous mettre dans une situation délicate. Il est difficile de se remettre d'un *bad-beat* lorsque l'on sait que l'on est l'unique responsable, en réalité, de cette « malchance ».

Bien qu'il ne soit pas aussi difficile de jouer le *turn* que le *flop*, voici quelques conseils pour faire face aux différentes situations auxquelles vous allez être tôt ou tard confronté.
Relancez fortement lorsque vous avez les deux paires supérieures sur le *turn*, à moins que le *board* soit *assorti* ou contienne une paire. Si c'est le cas, modérez votre *relance* à cause des probabilités de brelan, couleur ou full.

Si vous avez un *tirage quinte bilatéral* ou un *tirage couleur* avec deux adversaires ou plus, égalisez toute mise sur le *turn*. Cependant, si le *tableau* est coordonné ou qu'une paire est sur le *board*, et s'il y a une *mise* et une *relance* devant vous, soyez prudent. Vous pourriez faire face à une main pleine.
Misez ou faites un *check-raise* lorsque vous êtes sûr d'avoir la meilleure main. Faites payer les adversaires qui sont sur un *tirage*. Ne leur offrez pas de cartes gratuites.

Reste à savoir si votre opposant est plutôt passif ou agressif, renseignement capital que vous devez deviner assez vite.

Si vous avez une main avec laquelle vous pouvez soit suivre soit relancer, *relancez plutôt que de suivre* ! Cela vous donne une chance de faire passer votre adversaire immédiatement.
Si vous détenez un tirage, vous devriez essayer de compléter votre main aussi économiquement que possible.

Souvent, après une forte *relance au flop*, le coup est souvent paralysé lors du *turn*. Tout le monde *check* ce qui vous convient très bien lorsque vous êtes à *tirage*. Après tout, une carte gratuite ne fait jamais de mal sauf quand c'est vous qui l'offrez.

Vous l'aurez sans doute compris, il y a autant de situation qu'il n'y a de *turn*. Vous devez donc pratiquer une analyse précise de la situation avant de prendre la moindre décision. Ne pas se précipiter au *turn* est souvent la clé de la réussite. Pour finir, rappelez-vous toujours qu'il n'y a aucune de honte à *jeter une main*, surtout si ce geste vous fait économiser de l'argent. Éviter de distribuer trop de jetons lorsque vous n'avez peut-être pas la meilleure main et rentabiliser chaque bonne main doivent être vos deux objectifs lors du *turn*.

La river

Les probabilités à la river

– Paire servie finissant en brelan: 20 %.

– Cartes assorties finissant couleur : 6,5 %.

– Consécutives assorties finissant quinte ou couleur : 15 %.

L'éternelle question à la *river* est de savoir s'il est opportun de *miser ou non*.

Avant de *miser*, demandez-vous toujours s'il y a de plus mauvaises mains que la vôtre avec lesquelles votre adversaire suivrait. S'il n'y en a aucune (ou très peu), il n'y a absolument aucune raison de *miser*.

Quand vous *misez*, vous prenez le risque de perdre le coup face à un jeu supérieur alors qu'il n'y a pas eu de *relance*. Vous risquez aussi de vous faire *relancer* par un gros jeu.

Rappelons qu'un *check-raise* peut vous faire douter, même avec une bonne main, même si jeter la main gagnante à la *river* peut s'avérer très coûteux car le pot est souvent conséquent à ce moment du coup. Si votre adversaire n'a rien, il va sûrement *passer* et vous aurez pris un risque financier inutile. Il faut donc développer un bon feeling et savoir quand faire et ne pas faire ce *« value bet »* (comprenez « mise de valorisation »).

Le *value bet* est une action particulièrement utile pour les fins de coup en tête-à-tête. Une des conditions pour bien manier cette arme et d'avoir une bonne lecture du coup, afin de mettre l'adversaire sur un univers de mains en fonction de toutes ses actions.

Considérons l'ensemble des mains plausibles de notre adversaire en analysant toutes ses actions depuis le début du coup, l'objectif est de parvenir à classer les mains possibles en trois groupes.
Première possibilité, nous avons le jeu gagnant et il possède un jeu suffisamment fort pour nous payer. Dans ce cas, le *value bet* est de rigueur.
Deuxième cas, nous avons le jeu gagnant, l'autre n'a rien et va passer. Le *value bet* représente ici un risque inutile et vous devez *checker*.

La troisième hypothèse est que vous avez le jeu perdant et que votre adversaire va payer. Dans ce cas, il est aberrant de *miser* le moindre kopeck.

Le *value bet* est une technique extrêmement poussée qui requiert une parfaite lecture de l'adversaire, ainsi que de la force de sa propre main.

Il arrive qu'un de vos concurrents passe avec la meilleure main, mais c'est tout de même assez rare. En fonction des réponses à ces questions, vous savez si vous devez miser ou non. Le *value bet* est plus délicat en *premier de parole* car il donne la possibilité à votre adversaire de *sur-relancer*.
Il est donc impératif d'avoir une très bonne main pour *miser à la river en premier de parole*.

Cette action stratégique déterminante contribue à nourrir notre image de joueur agressif et nous évite parfois – bonus intéressant – d'avoir à montrer notre jeu si l'adversaire est un peu timoré.
Au sujet des curieux, méfiez-vous de ces énergumènes si vous n'avez pas un très bon jeu car ils ont parfois tendance à payer frénétiquement un *value bet* à la *river*.

L'adversaire idéal à *relancer* est le joueur large-passif, ou autrement dit, cette bonne vieille *calling station* qui sait valoriser vos bonnes mains mieux que quiconque en jouant trop de mains et en allant trop loin avec. Ces joueurs sont de véritables distributeurs de billets. Faites-leur implacablement des *value bets*.

Si vous remarquez qu'ils suivent à la légère avec des mains plus que moyennes, vous avez tout intérêt à frapper un grand coup avec une main forte car vous savez que ces joueurs vont *suivre*. De plus, en raison de leur nature passive, ces joueurs sont moins susceptibles de vous punir avec un *check-raise*.

Vous pouvez décider de faire un *value bet* à la *river* en détenant n'importe quoi depuis une simple paire jusqu'au full du moment que vous sentez une faiblesse chez votre adversaire. Mais soyez prudent, si vous misez à chaque fois sur la *river*, vous finirez par être *sur-relancé*.

N'hésitez pas à miser très fort à la *river* quand vous avez une bonne main. Il arrive que des joueurs ayant une main moyenne pensent que vous essayez d'arracher le pot avec un énorme *bluff*. Cette technique est à employer contre les chacals ultra-agressifs qui refusent catégoriquement de se laisser *bluffer.*

Pour finir avec le jeu à la *river*, il est conseillé de ne jamais *payer une relance* si vous n'avez rien, c'est suicidaire.

Votre adversaire a obligatoirement une meilleure main que la vôtre. Payer avec rien vous décrédibilise immédiatement et réduirait à néant tous vos efforts pour vous créer une image de joueur solide. Vous avez loupé votre tirage, ce sont des choses qui arrivent plus souvent qu'on ne le croit. Il est donc inutile de sacrifier des jetons. Gardez-les plutôt pour rentabiliser vos belles mains à venir.

Le bluff

Le *bluff* doit être votre arme de prédilection mais il faut l'utiliser à bon escient. Cela requiert au préalable une bonne analyse de la table et de votre situation dans le coup. Il y a deux types de *bluff*.

Le bluff total

Quand vous *bluffez* avec une main extrêmement faible et sans possibilité d'amélioration notable.

Exemple

Vous avez :

Le *flop* donne :

Votre main n'a aucune chance d'être la plus forte à la table et vous ne pourrez l'améliorer avec la *turn* et la *river*.

Le semi-bluff

On parle de *semi-bluff* quand vous *relancez* avec une main sans valeur pour l'instant, mais en réalité avec un fort potentiel d'amélioration.

Exemple

Vous avez :

Le *flop* donne :

Vous *relancez*. Si vous êtes *suivi*, un As ou un Roi à la *turn* vous donne la « top paire top *kicker* » et un carreau vous donne la couleur max. Un certain nombre de cartes peuvent en outre vous permettre de toucher un jeu fort si jamais votre *semi-bluff* n'est pas passé au *flop*.

Quand bluffer ?

Le *bluff* total est déconseillé au *flop*. En effet, si vous êtes *payé*, le coup est perdu à coup sûr. De plus, beaucoup de situations peuvent susciter un *call* de l'adversaire : une paire, un tirage, deux *overcards*... Les chances de réussite de votre *bluff* intégral sont donc faibles.

Sur le *turn*, le *bluff* dépend vraiment de votre situation à la table mais le *semi-bluff* est tout à fait correct, voire obligatoire, dans la mesure où il vous reste de bonnes possibilités d'amélioration.

À la *river*, le *bluff* total est votre seule option car vous ne pouvez plus améliorer après la *river*. Si vous avez un jeu exécrable, *vous ne pouvez remporter le coup sans relancer*.

De plus si après votre *relance* vous êtes *sur-relancé*, vous savez à quoi vous en tenir et vous pouvez vous *coucher* sans regret.

Les erreurs à éviter pour réussir ses bluffs

La première erreur à éviter est de *bluffer* trop souvent. Même si vos adversaires jouent très serré, ils finiront par se douter que vous n'avez pas un jeu fort à chaque fois, si vous les *relancez* sans cesse. Pour éviter cela, ne *bluffez* pas toujours les mêmes joueurs, et n'essayez pas de batailler les petits pots sans importance : profitez-en pour faire croire à vos adversaires que vous êtes une serrure en *checkant* et *couchant* vos mains, surtout en début de partie. Vos *bluffs* futurs sur des gros pots seront plus crédibles. Une personne qui joue trop de coups est souvent considérée comme un *bluffeur* ou un débutant. Si vous êtes considéré comme un *bluffeur*, vous n'avez plus qu'une seule solution, vous calmer et attendre les bonnes cartes.

Deuxième chose, comportez-vous exactement comme si vous aviez du jeu. N'oubliez pas que vos adversaires gardent toujours un œil sur vous. S'ils remarquent une action inhabituelle, ils peuvent découvrir la supercherie et vous relancer.

Ne *bluffez* que si le pot en vaut la peine. Si vous risquez une relance de 20 euros pour gagner un pot de 5 euros, pour que votre *bluff* soit rentable, il faudrait qu'il fonctionne plus de 4 fois sur 5 ! Difficile donc d'être gagnant sur le long terme en jouant de cette façon ! Une relance des deux tiers du pot est souvent utilisée par les bons joueurs car il suffit que le *bluff* fonctionne une fois sur deux pour devenir rentable.

Ne *bluffez* pas les joueurs qui *callent* tout le temps n'importe comment puisque qu'ils sont *inbluffable* par définition.

Ne *bluffez* jamais plus de trois joueurs d'un coup car il y en aura forcément un qui aura une main, ou le début d'une main.

Votre *position* pour tenter un *bluff* a de l'importance. Demandez-vous tout le temps combien de personnes sont dans le coup et combien de personnes vont parler derrière vous.

Continuez de *bluffer* contre la même personne alors qu'elle vous a attrapé déjà une fois est une erreur grossière qui vous coûtera cher. De même, *bluffer* quand on sent que l'adversaire a un jeu fort est risqué. Si vous êtes *payé*, arrêtez les frais et tenez compte de la réponse de votre adversaire qui ne vous paierait jamais avec rien.

Soyez réactif et impassible. N'oubliez pas qu'au poker, une *relance rapide* semble indiquer à votre adversaire une main forte. Il est donc très important de planifier son *bluff* tôt dans la main. Il faut montrer à son adversaire qu'on est confiant dans les cartes que l'on a en main afin de prendre le contrôle du jeu dès le début.

Inciter votre adversaire à bluffer

La capacité à inciter au *bluff* est un indicateur du niveau d'expertise d'un joueur. Cela témoigne d'une bonne maîtrise de différents paramètres tels que la faculté à deviner que l'adversaire a une main plus faible que la sienne ou encore la connaissance des *tells* de son adversaire.

Inciter au *bluff* nécessite souvent de *sous-jouer* pour faire croire à une faiblesse. Dès lors, il est également nécessaire d'être capable de calculer avec précision le degré de dangerosité du *tableau* qui se présente pour évaluer le danger éventuel de donner une carte gratuite.

Si inciter au *bluff* est un bon moyen de rentabiliser certaines situations, un certain nombre de conditions doivent êtres réunies.

Vous ne devez vous retrouver que face à peu d'adversaires. D'une part parce que plus il y a de joueurs, plus le risque que l'un d'eux améliore sa main est grand. D'autre part, plus le nombre de joueurs est élevé, moins vos adversaires tenteront de *bluffer.*

Ensuite, il faut que votre adversaire soit capable de *bluffer*. Un adversaire passif avec un *rythme de relance très faible* ne risque pas de vous *relancer*. En revanche, un joueur agressif s'y risque beaucoup plus souvent.

Le dernier conseil, sans doute le plus important, est que le *board* ne doit pas être *à potentiel*, car il laisse alors un trop grand nombre de possibilités d'améliorations.

Exemple

Vous avez :

Le *flop* donne :

La *turn* risque fort de compléter un tirage couleur, quinte, ou de donner une paire à celui qui aurait deux *overcards*.

Inciter au *bluff* avec une paire de valet dans ce cas précis, en *checkant*, est trop risqué.

Le check-raise

L'embuscade ou le *check-raise* reste une des armes les plus redoutables du poker. Maîtriser cette technique s'avère indispensable pour quiconque espère un jour faire la différence.
Le *check-raise* est une action en deux temps qui vise à *checker* avec l'intention de *relancer* au cours du même tour d'enchère.

Aux *basses limites*, le *check-raise* a pratiquement pour seule fonction de faire grossir le pot.
Un joueur qui décide de *check-raiser* doit s'assurer que sa main présente certaines caractéristiques. En premier lieu, il convient d'avoir une main supérieure à celles des adversaires qui sont susceptibles de *coller* la *relance*.
Ensuite, il faut que les adversaires aient des mains convenables les autorisant à *miser*. Bien sûr, un *check-raise* ne marchera que contre un joueur

agressif. Une *calling station* se contentera de *checker* pour obtenir une carte gratuite.En somme, trois éléments doivent être pris en compte lorsque vous décidez de *checker-relancer* : il faut être sûr qu'un joueur vous succédant va ouvrir après votre *check* ; vous devez être *hors de position* afin de *checker* pour inciter les joueurs s'exprimant après vous à attaquer le coup ; pour finir, vous devez impérativement avoir une énorme main.

Ajoutons, s'il est utile de le préciser, qu'il faut que le pot ne soit pas encore trop conséquent.

Il est bien moins probable que vos adversaires *suivent une mise* quand le pot est petit que quand il est gros. Plus le pot est gros, moins il devient probable qu'un *slow-play* soit un jeu correct.
La raison en est que vos adversaires obtiennent des cotes de pots de plus en plus larges et il est de moins en moins plausible que vous puissiez véritablement couper leur cote.

De plus, la plupart des joueurs sont moins enclins à rester dans un coup lorsque le pot n'en vaut pas la peine.

Les erreurs les plus courantes

Nous allons maintenant étudier certaines erreurs type que commettent la plupart des joueurs. Reste à savoir à quelle fréquence, car c'est ce qui fera toute la différence à l'arrivée.

Checker au lieu de miser

C'est une des erreurs les plus communes, et c'est surtout la plus grave. Lorsqu'il reste des cartes à venir et que votre adversaire n'a pas une image de joueur trop serré, vous devez *misez*, même avec une main moyenne. C'est valable même si vous pensez a ce stade posséder seulement la seconde meilleure main.

Miser permet deux choses. Premièrement, votre adversaire peut *se coucher* si sa main n'est pas aussi bonne que vous le pensiez. D'autre part, s'il *ne se couche pas*, vous avez montré de la force, ce qui pourra peut-être vous permettre de *voler le pot* plus tard. *Checker* au lieu de *miser* est l'erreur habituelle des joueurs trop passifs qui laisseront leur adversaire jouer les tirages alors qu'ils avaient prévu de faire un *check-raise*.

Exemple

Vous avez :

Le *flop* donne :

Vous ne pouvez pas vous permettre de *checker* et risquer de laisser votre adversaire tirer une carte gratuitement pour sa couleur ou une éventuelle suite.

Par pitié, ne laissez jamais de cartes gratuites à votre adversaire !

Suivre au lieu de se coucher

Cette erreur est commise par beaucoup de joueurs amateurs durant les premiers tours de *mise* car ils n'ont pas intégré le concept de *cote*. Ainsi beaucoup de joueur large-passif continueront à vous payer car ils pensent avoir la *cote sur leur tirage* ou bien parce qu'ils ont la seconde paire et espèrent toucher le brelan.

Miser au lieu de checker

Ne *relancez* pas non plus si vous êtes *à tirage* et que votre adversaire a *checké*, sauf si vous le sentez faible. Si vous *misez* et qu'il vous a tendu un piège avec un *check-raise*, vous serez très fortement engagé dans le coup et serez alors obligé de prendre de gros risques.

Suivre au lieu de relancer

Il s'agit probablement de la pire et la plus commune des erreurs. Lorsque le pot commence à devenir conséquent, vous devez essayer de réduire le nombre de vos adversaires en *relançant* la mise de ceux-ci. La plupart des joueurs qui agissent de cette façon le font car ils imaginent avoir un meilleur jeu que le joueur situé à leur droite et s'ils pensent avoir le meilleur jeu à la table, alors ils se contenteront de suivre pour piéger leurs adversaires. Ces joueurs ont tout simplement tort, car il faut réellement un monstre pour se permettre de *sous-jouer* une main dans un pot disputé par de nombreux joueurs. Dans cette situation, *relancez* fortement. Je vous rappelle que moins il y a de joueurs dans un coup, plus votre main a des chances de l'emporter. Même lorsque vous pensez avoir la seconde meilleure main, il est préférable de *relancer* que de *suivre* si vous voulez vous donner une chance de gagner le pot immédiatement. De plus, jouer de cette façon *en position* vous permettra régulièrement d'obtenir une carte gratuite par la suite. À chaque fois que vous vous apprêtez à *suivre la mise* de votre adversaire, pensez à la *relance*, vous serez surpris de constater que la *relance* est souvent la bonne décision. Chris « Jesus » Fergusson énonce d'ailleurs ainsi sa règle d'or : *« Si tu hésites entre suivre et relancer, relance ! Si tu hésites entre suivre ou jeter ta main, couche ta main »*.

Relancer au lieu de suivre

Cette situation arrive notamment lorsque vous négociez un pot familial et que toutes les cartes sont sorties. Le joueur situé à votre droite *mise*, vous pensez être au-dessus et qu'*il vous suivra si vous le relancez*. Cependant, le ou les joueurs situés à votre gauche (qui auraient probablement *payé* avec une main encore pire que le premier joueur) vont se *coucher* car vous cassez leur cote. Vous perdez donc leurs mises potentielles en prenant de surcroît plus de risques.

Attention également à ne pas *sur-jouer* vos top paires, beaucoup de joueurs se permettent de *relancer fort* avec ce genre de mains : ils ne seront bien évidemment *payés* que par les joueurs qui les battront dans un grand nombre de cas.

La bulle

La manière dont vous abordez la *bulle* d'un tournoi est primordiale afin d'envisager une réussite sur le long terme.

Alors que les premières places payées commencent à se rapprocher, les joueurs resserrent généralement leur jeu, désireux d'obtenir un minimum de récompense après les nombreuses heures fastidieuses déjà passées autour de la table.
Bien que cela semble être la bonne stratégie, le fait que l'argent du *prizepool* soit en grande partie réservé aux trois premières places signifie que c'est en fait le moment d'élargir votre jeu, pour essayer d'accumuler des jetons vous permettant d'atteindre les toutes premières places.
Financièrement, ça vaut le coup de prendre le risque de gagner beaucoup avec la menace de repartir sans rien.

Par exemple, un tournoi avec un *buy-in* de 20 euros vous rapportera 37 euros si vousarrivez à la 67e place et 856 euros si vous arrivez à la 5e. Autant dire que l'on parle ici d'une prise de risque particulièrement rentable.

Il faut donc profiter de la frilosité momentanée de la majorité des joueurs pour se rapprocher des meilleures places.

Le premier point clé pour maximiser vos profits à la *bulle* est l'identification des joueurs. Vous ne souhaitez pas *attaquer les blindes* d'un bon joueur serré-agressif, car il vous *sur-relancera* souvent et vous laissera face à des choix difficiles.
Sur une *relance* vous désirez plutôt *attaquer les blindes* des joueurs plutôt serrés et passifs, puisqu'ils ne *payeront* ou *relanceront* qu'avec de très bonnes mains.
À la table idéale, vous voudriez les joueurs larges sur votre droite, de manière à *sur-relancer* leurs ouvertures ; et avoir les joueurs serrés-passifs à votre gauche, contre lesquels vous pourrez *attaquer les blindes* en moyenne trois fois sur cinq.

Bien que la *bulle* change sensiblement le jeu de nombreux joueurs, ce n'est pas toujours le cas. Il est fondamental d'identifier précisément l'état dans lequel se trouvent vos adversaires, mais également l'humeur générale de la table.

Parfois les gens ne semblent pas se préoccuper de la *bulle*, d'autres fois vous serez capable de *relancer* mains après mains sans rencontrer la moindre résistance. Néanmoins, en règle générale, la *bulle* modifiera le comportement de la plupart des joueurs : soit ils élargiront leur jeu, soit ils le resserreront.

La *bulle* peut faire craquer un joueur, qui ne bougera plus d'une oreille. C'est le danger car les *blindes* sont élevées. La tactique gagnante, c'est de devenir agressif, voire très agressif. Quand on est *cheap leader*, on ne doit quasiment pas se soucier de la *bulle*. Il faut même en profiter pour *grossir son tapis* en terrorisant les joueurs fébriles et les *petits tapis*.

Avec un *tapis faible-moyen*, la situation est plus difficile car il est toujours assez délicat de choisir le moment opportun pour attaquer sans trop de casse.

Enfin, avec un *tout petit tapis*, il vaut mieux resserrer son jeu. La probabilité d'arriver dans les premières places est dorénavant très faible, alors autant se contenter d'une place payée.

Cette attitude de repli sur soi est donc légitime de la part d'un *petit tapis* mais devient impardonnable pour tous les autres.

Les duels ou heads up

Abordons maintenant le tête à tête. Après tout, c'est ce que l'on espère depuis le début du tournoi, être l'un des deux derniers survivant pour finalement remporter la partie.

On pourrait écrire un livre entier sur la façon de jouer les duels. Cette phase très délicate demande beaucoup d'entraînement pour être maîtrisée et à cela une raison : la valeur des cartes change totalement. La valeur de votre main augmente au fur et à mesure que le nombre de vos adversaires diminue, vous le savez.

En effet, si vous avez un As en main, en tête à tête, il y a vraiment peu de chance que votre adversaire ait aussi un As. Votre As est donc une carte très forte et vous vous devez de *relancer* dès que vous touchez une tête.

Dans cette phase de jeu, le *bouton* doit payer la *petite blinde*, et donc agir en premier avant le *flop* mais en second après, donc il vous faudra jouer plutôt de manière agressive quand vous serez au *bouton* et plus d'une manière défensive dans l'autre position. Quand vous jouez en *heads up* et que les deux tapis se valent, vous avez l'obligation de jouer agressif. Il faut que vous obligiez votre adversaire à jeter son jeu plus que vous ne jetez le vôtre, et pour cela, il n'y a qu'une seule stratégie valable, *miser et relancer* !

Cependant, il ne s'agit pas de jouer toutes les mains aveuglément non plus.
Vous devez apprendre à reconnaitre le bon moment pour jeter vos cartes. Vous ne serez pas favori sur chacune des mains. Vous devez savoir quand sortir d'un coup où vous êtes dominé et la clé est de jeter le plus vite possible, ou quand vous commencez à avoir des problèmes, avant qu'il ne soit vraiment trop tard.

Quand les *blindes* sont élevées ne cherchez pas à *tirer* pour obtenir une suite ou une couleur car vous allez perdre trop de jetons si vous ne réussissez pas. Et si vous réussissez à obtenir la bonne main, votre adversaire, à ce stade, est assez intelligent pour *jeter ses cartes*, vous laissant avec un petit gain.

La *position* est un élément primordial dans le *heads up*. En *petite blinde*, vous parlez en premier, donc vous mettez la pression sur l'adversaire. Dans cette *position*, la meilleure défense, c'est l'attaque. *Relancer* sur chaque coup fait monter le pot, mais la *relance* ne doit pas se faire n'importe comment, vous devez savoir jusqu'où est prêt à aller votre adversaire et le *relancer* un ton au-dessus pour le pousser dans ses derniers retranchements.

Le jeu en *heads up* est certainement le moment de la partie où le hasard entre le plus en jeu. Être bon en *heads up* est primordial pour pouvoir remporter le tournoi, et c'est un exercice mental de grande intensité.

Conclusion

Je vous ai exposé les notions qui permettent de pratiquer un poker réfléchi, qui ne se base pas sur la chance ou sur de vagues intuitions.

Il ne vous reste plus qu'à jouer. Avec le temps, vos efforts seront récompensés et vous repenserez avec amusement à l'époque où vous étiez persuadés qu'il était judicieux de jouer avec Reine-7 de cœur en premier de parole.

Je vous conseille donc de jouer sur Internet des petits tournois qui n'engagent qu'une infime partie de vos économies. Internet nous donne la chance de jouer en moyenne six fois plus de mains qu'en live.

C'est une aubaine qu'il faut absolument saisir avant de vous risquer à jouer en live, d'autant plus qu'une partie live est bien plus compliquée à vivre.

Lorsque vous aurez acquis de solides notions stratégiques et statistiques, il sera alors temps de vous exercer en live pour développer votre capacité d'observation.

Ne négligez bien sûr jamais l'observation sur Internet car comme nous l'avons vu, même sans voir les joueurs, la façon de jouer révèle souvent beaucoup d'informations.

N'oubliez jamais certains conseils de base valables en toutes circonstances. Soyez patient, calme, discipliné et surtout totalement concentré sur ce qui se passe à la table. Et tant pis si la serveuse est une blonde à forte poitrine !
Pour réussir, il est essentiel de varier votre style de jeu. D'autres joueurs observent chacun de vos mouvements et sont très doués lorsqu'il s'agit de vous soutirer de l'argent.
Gardez toujours en tête que vous n'êtes certainement pas le seul à pratiquer un bon poker, et ne sous-estimez jamais un adversaire parce qu'il vous le fera payer très cher. Rester humble ne vous fera jamais de mal, bien au contraire.

Dans la mesure du possible, ne prenez pas tout ce qui est dit dans ce livre au pied de la lettre. Le poker est un jeu de situation et parfois il faut tordre le coup aux règles.
Prenez bien le temps d'analyser tous les tenants et les aboutissants et vous irez loin, cela ne fait aucun doute.

Si le poker est un jeu de situation, c'est aussi un jeu d'informations incomplètes. Gardez à l'esprit que la route est encore longue avant de maîtriser tous les aspects de cet art aussi passionnant que complexe.

Analysez vos erreurs et soyez toujours critique en étudiant vos faiblesses. C'est en étant objectif vis-à-vis de vos erreurs répétées que vous mettrez le doigt sur vos principaux axes de progression.

Ne jouez jamais au-dessus de vos moyens ou à un niveau qui ne vous correspond pas, et tout se passera bien.

J'espère que ce livre vous aura éclairé sur certains des aspects les plus complexes du poker et que mon approche vous aura facilité sa compréhension.

Peut-être nous croiserons nous un jour autour d'une table de poker. En attendant, amusez vous, prenez du plaisir et surtout accrochez-vous, le jeu en vaut la chandelle !

Aller, bonne chance.

Cet ouvrage a été imprimé en France par

CPI
BUSSIÈRE

à Saint-Amand-Montrond (Cher)
en octobre 2010

N° d'impression : 102940/1
Dépôt légal : octobre 2010